La escritura de este libro ha sido una experiencia enriquecedora que me ha permitido profundizar en un tema que me apasiona: las teorías de conspiración y cómo afectan a la sociedad. A lo largo del proceso de investigación y escritura, me di cuenta de la importancia de tener un pensamiento crítico y ser capaz de evaluar la validez de la información.

Me di cuenta de que las teorías de conspiración no son algo nuevo, sino que han existido desde hace siglos y han evolucionado con el tiempo. Es sorprendente ver cómo algunas teorías antiguas siguen presentes en la sociedad actual, reutilizadas y adaptadas a las nuevas tecnologías. También me di cuenta de que estas teorías no son solo un fenómeno estadounidense, sino que se extienden por todo el mundo y afectan a todas las culturas y sociedades.

En conclusión, este libro me ha ayudado a comprender la importancia de la educación y el pensamiento crítico en la sociedad actual. Espero que este libro pueda ayudar a otros a desarrollar sus habilidades críticas y a navegar con confianza en el mundo lleno de teorías de conspiración que nos rodea.

INDICE

En esta introducción, se proporciona una visión general de las teorías de conspiración y su papel en la sociedad. Se discuten los diferentes tipos de teorías de conspiración y cómo han evolucionado a lo largo de la historia. También se discuten los desafíos a la hora de evaluar la validez de estas teorías, así como la importancia de aplicar el pensamiento crítico y desarrollar una mente crítica en la era de las teorías de conspiración. El objetivo de este libro es proporcionar una comprensión detallada de las teorías de conspiración y cómo evaluarlas de manera crítica, para poder separar la verdad de la ficción.

Además, en este libro se profundiza en algunas de las teorías de conspiración más famosas y controvertidas a lo largo de la historia, incluyendo eventos históricos como el asesinato de John F. Kennedy, el atentado a la rosa blanca, la muerte de Martin Luther King Jr y el 11 de septiembre. También se examinan teorías contemporáneas, como la teoría de la conspiración de los ovnis y la teoría de la conspiración del cambio climático.

Este libro también incluye un capítulo especial sobre cómo evaluar la validez de las teorías de conspiración, donde se discuten técnicas para analizar argumentos y pruebas, identificar falacias y engaños, y aplicar el pensamiento crítico.

En conclusión, este libro es una investigación crítica a través de la historia de las teorías de conspiración, con el objetivo de proporcionar una comprensión detallada de estas teorías y cómo evaluarlas de manera crítica. Esperamos que este libro ayude a los lectores a desarrollar una mente crítica y a tomar decisiones informadas en un mundo cada vez más lleno de teorías de conspiración.

Además, es importante mencionar que este libro también incluye una sección de bibliografía y fuentes de consulta, donde se proporcionan los recursos utilizados para investigar y escribir este libro. Estas fuentes incluyen libros, artículos científicos, investigaciones, entrevistas y documentos oficiales, entre otros. Estas fuentes están disponibles para que los lectores puedan investigar aún más sobre los temas discutidos en el libro.

En resumen, "Desenmascarando las teorías de conspiración: Una investigación crítica a través de la historia" es un libro que tiene como objetivo proporcionar una comprensión detallada de las teorías de conspiración y cómo evaluarlas de manera crítica, para poder separar la verdad de la ficción. El libro cubre una amplia gama de temas, desde eventos históricos hasta teorías contemporáneas, y proporciona herramientas para ayudar a los lectores a desarrollar una mente crítica y a tomar decisiones informadas en un mundo cada vez más lleno de teorías de conspiración.

Capítulo 1: Historia de las teorías de conspiración

En este capítulo, se presenta una breve historia de las teorías de conspiración y cómo han evolucionado a lo largo del tiempo. Se discuten las raíces históricas de las teorías de conspiración y cómo han cambiado a medida que ha cambiado la sociedad.

Las teorías de conspiración han existido desde la antigüedad, con mitos y leyendas que hablan de complots para controlar el poder y manipular a las masas. En Egipto, se creía que los faraones eran dioses y que cualquier desafío a su poder era considerado una conspiración. En la Grecia antigua, hubo varias teorías de conspiración relacionadas con el poder político y religioso. En la Edad Media, las teorías de conspiración se centraron en la Iglesia y en las organizaciones secretas como los templarios.

Sin embargo, las teorías de conspiración modernas se originaron en Europa en el siglo XVII y XVIII, con la aparición de las primeras teorías de conspiración relacionadas con la religión y la política. Durante este período, surgieron varias organizaciones secretas, como los Illuminati y la Orden de los Caballeros Templarios, que se decía que buscaban controlar los gobiernos y las economías mundiales. Los iluminatis en particular se dicen que eran una sociedad secreta formada por intelectuales y filósofos, que buscaban cambiar el mundo a través de la ilustración y la razón.

En el siglo XIX, con el surgimiento de nuevas ideas políticas y económicas, las teorías de conspiración se centraron en temas como el control del dinero y el poder económico. Por ejemplo, surgieron teorías de conspiración que alegaban que los banqueros internacionales estaban trabajando juntos para controlar las economías de las naciones.

En el siglo XX, las teorías de conspiración se volvieron más complejas y se centraron en temas como la política, la guerra y los eventos históricos importantes. El asesinato de John F. Kennedy o el atentado del 11S son algunos ejemplos de eventos que han dado lugar a teorías de conspiración. Con el advenimiento de las redes sociales y la tecnología de la información, las teorías de conspiración se han propagado con mayor facilidad y rapidez que nunca. Esto ha llevado a un aumento en la cantidad de teorías de conspiración.

LOS MASONES

Los masones, también conocidos como la Logia Masónica, son una organización fraternal que se basa en principios de hermandad, igualdad y libertad. Los masones se remontan a las antiguas sociedades de constructores medievales, que se especializaban en la construcción de edificios públicos y templos. La masonería se convirtió en una organización independiente en el siglo XVIII y ha existido desde entonces como una sociedad secreta.

La masonería se basa en un sistema de grados o "iniciación" en el que los miembros progresan a través de diferentes niveles de conocimiento. Los masones utilizan simbolismo y rituales para enseñar principios morales y éticos, como la honestidad, la tolerancia y la caridad. También se esfuerzan por promover la fraternidad entre sus miembros y fomentar el bienestar de la comunidad.

La masonería ha sido objeto de numerosas teorías de conspiración a lo largo de los años, con acusaciones de que los masones controlan los gobiernos y las economías mundiales. Sin embargo, estas acusaciones no tienen ninguna base en hechos concretos y son consideradas como teorías de la conspiración sin fundamento. Los masones sostienen que su organización es simplemente una sociedad de hombres que se dedican a mejorar a sí mismos y a ayudar a los demás, y que no tienen ninguna intención de controlar ningún gobierno o institución.

En resumen, los masones son una organización fraternal que se basa en principios de hermandad, igualdad y libertad. Aunque han sido objeto de teorías de conspiración, estas no tienen ninguna base en hechos concretos y la masonería se considera una organización sin fines políticos ni económicos.

LOS ILLUMINATI

Los Illuminati son una organización secreta que se cree que fue fundada en 1776 en Baviera, Alemania. La historia de los Illuminati es muy oscura y rodeada de teorías de conspiración. Se dice que la organización buscaba controlar los gobiernos y las economías mundiales, así como influir en la cultura y la religión.

La organización fue fundada por Adam Weishaupt, un profesor de derecho que estaba descontento con la influencia de la Iglesia en la educación y la política. Weishaupt creía que la Ilustración, un movimiento intelectual y filosófico de la época, podría traer la libertad y la igualdad a Europa. Decidió crear una sociedad secreta para difundir sus ideas y lograr sus objetivos.

Los Illuminati se presentaron como una organización de pensadores libres y racionales que buscaban liberar a la humanidad de la opresión religiosa y política. Sin embargo, pronto se les acusó de tener objetivos malévolos y de buscar controlar los gobiernos y las economías mundiales.

En 1785, el gobierno bávaro prohibió los Illuminati y la organización fue disuelta. Sin embargo, muchas teorías de conspiración afirman que los Illuminati aún existen y que están detrás de eventos importantes en la historia reciente. Estas afirmaciones no tienen ninguna base en hechos concretos y son consideradas como teorías de la conspiración sin fundamento.

En resumen, los Illuminati son una organización secreta que se cree que fue fundada en 1776 en Baviera, Alemania. Se dice que la organización buscaba controlar los gobiernos y las economías mundiales, así como influir en la cultura y la religión. Sin embargo, la mayoría de los historiadores creen que los Illuminati fueron disueltos en el siglo XVIII y que no tienen una existencia real en la actualidad. Muchas teorías de conspiración afirman que los Illuminati aún existen, pero estas afirmaciones no tienen ninguna base en hechos concretos y son consideradas como teorías.

LA ORDEN DE LOS CABALLEROS TEMPLARIOS

La Orden de los Caballeros Templarios fue una organización religiosa y militar que existió en Europa durante los siglos XII y XIII. Fue fundada en el año 1118 con el objetivo de proteger a los peregrinos cristianos que viajaban a Tierra Santa durante las Cruzadas. Los Caballeros Templarios se convirtieron en una de las órdenes de caballería más poderosas y ricas de la Edad Media, y sus miembros eran reconocidos por su valentía en el campo de batalla y su dedicación a su fe cristiana.

Sin embargo, a mediados del siglo XIV, la Orden de los Caballeros Templarios se vio envuelta en un escándalo de corrupción y herejía. El rey de Francia, Felipe IV, acusó a los templarios de practicar ritos paganos y de negarse a pagar impuestos. También se les acusó de apostasía, sodomía y de tener relaciones con las sectas heréticas. En 1307, el rey ordenó la detención masiva de los templarios en Francia y el arresto de sus líderes.

A pesar de estas acusaciones, muchos historiadores creen que las acusaciones contra los Templarios eran falsas y que el rey de Francia utilizó el escándalo como una excusa para confiscar sus riquezas y poderosos territorios. Otros creen que los templarios habían perdido su utilidad política y económica y que el rey los utilizo para acusarlos de herejía.

En el curso de los siglos, se han generado varias teorías de conspiración alrededor de los templarios, algunas afirman que la orden nunca fue disuelta y que sus miembros siguen existiendo en la clandestinidad, otras afirman que los templarios guardaban secretos sobre Jesús, el Santo Grial y otros misterios religiosos, estas teorías no tienen ninguna base en hechos concretos y son consideradas como teorías de la conspiración sin fundamento.

En resumen, la Orden de los Caballeros Templarios fue una organización religiosa y militar que existió en Europa durante los siglos XII y XIII con el objetivo de proteger a los peregrinos cristianos que viajaban a Tierra Santa. A pesar de su gran poder y riqueza, los templarios fueron acusados de herejía y corrupción en el siglo XIV y disueltos. Muchas teorías de conspiración han surgido alrededor de los templarios, pero la mayoría son consideradas como falsas.

LA IGLESIA CATOLICA Y OTRAS RELIGIONES

A lo largo de la historia, varias religiones han sido objeto de teorías de conspiración. La Iglesia Católica, en particular, ha sido el centro de muchas acusaciones de conspiración a lo largo de los siglos.

Durante la Edad Media, la Iglesia Católica era una de las instituciones más poderosas de Europa, y algunos creían que estaba trabajando para controlar a los gobiernos y las economías mundiales. Se decía que la Iglesia estaba detrás de complots para manipular a las masas y mantenerse en el poder.

En la Edad Moderna, surgieron teorías de conspiración que alegaban que la Iglesia Católica estaba trabajando con organizaciones secretas, como los Illuminati, para controlar el mundo. También se ha acusado a la Iglesia de ser responsable de eventos históricos importantes, como la Inquisición y el Holocausto.

En otras religiones, también ha habido teorías de conspiración. Sí, en otras religiones también ha habido teorías de conspiración. Por ejemplo, en el mundo islámico, ha habido teorías de conspiración que alegaban que los líderes religiosos estaban trabajando con organizaciones políticas para controlar los gobiernos y las economías. También se ha acusado a los líderes religiosos de manipular a las masas y mantenerse en el poder mediante la represión y la violencia.

En el mundo judío, también ha habido teorías de conspiración que alegaban que los líderes religiosos estaban trabajando con organizaciones secretas para controlar el mundo. También se ha acusado a los líderes religiosos de manipular a las masas y mantenerse en el poder mediante la represión y la violencia.

En el mundo hindú y budista, también ha habido teorías de conspiración que alegaban que los líderes religiosos estaban trabajando con organizaciones políticas y económicas para controlar los gobiernos y las economías. También se ha acusado a los líderes religiosos de manipular a las masas y mantenerse en el poder mediante la represión y la violencia.

En resumen, a lo largo de la historia, varias religiones han sido objeto de teorías de conspiración. Estas teorías suelen alegar que los líderes religiosos están trabajando con organizaciones secretas o políticas para controlar los gobiernos y las economías y manipular a las masas. Sin embargo, estas teorías no tienen ninguna base en hechos concretos y son consideradas como teorías de la conspiración sin fundamento.

ORGANIZACIONES CONSPIRATORIAS EN LA ACTUALIDAD

Hay varias teorías de conspiración que alegando que existen organizaciones mundiales actuales que conspiran en la sombra para controlar los gobiernos, las economías y las masas. Sin embargo, es importante tener en cuenta que estas teorías no tienen una base sólida en hechos concretos y deben ser consideradas con escepticismo.

Una de las organizaciones más mencionadas en las teorías de conspiración es el llamado "Nuevo Orden Mundial" (NWO por sus siglas en ingles), que se supone que busca establecer un gobierno mundial y controlar a las masas mediante la manipulación de la economía, los medios de comunicación y las instituciones políticas. Sin embargo, no hay evidencia concreta de que tal organización exista y no hay pruebas que respalden estas afirmaciones.

Otra organización mencionada en las teorías de conspiración es la llamada "Sociedad de los Iluminatis", una supuesta organización secreta que se cree que busca controlar el mundo mediante la manipulación de los gobiernos y las economías. Sin embargo, como mencioné anteriormente, los Iluminatis son una organización que se cree que fue fundada en 1776 en Baviera, Alemania y fue disuelta en el siglo XVIII, no hay evidencia de que exista en la actualidad.

En resumen, hay varias teorías de conspiración que alegando que existen organizaciones mundiales actuales que conspiran en la sombra para controlar los gobiernos, las economías y las masas. Sin embargo, estas teorías no tienen una base sólida en hechos concretos y deben ser consideradas con escepticismo. Es importante recordar que siempre es necesario buscar evidencias y hechos concretos antes de aceptar cualquier teoría de conspiración.

EL NUEVO ORDEN MUNDIAL "NWO"

El Nuevo Orden Mundial (NWO por sus siglas en ingles) es un término utilizado para describir una teoría de conspiración que afirma que existe un plan para establecer un gobierno mundial y controlar a las masas mediante la manipulación de la economía, los medios de comunicación y las instituciones políticas. Según esta teoría, el NWO es una conspiración liderada por un grupo selecto de personas ricas y poderosas, conocido como "élite global", que trabajaría en secreto para crear un gobierno mundial unificado y controlar todos los aspectos de la vida humana.

La teoría del Nuevo Orden Mundial se originó en los escritos de algunos autores y pensadores de principios del siglo XX y ha sido popularizado en las últimas décadas a través de la literatura de conspiración y los medios de comunicación. A menudo se relaciona con temas como el control de la población, el control financiero, el control de la información, la manipulación de los medios de comunicación y el control de los gobiernos.

Sin embargo, es importante tener en cuenta que no hay evidencia concreta de que tal plan exista y no hay pruebas que respalden estas afirmaciones. Muchas de las ideas y suposiciones que se relacionan con el NWO son basadas en teorías de conspiración sin fundamento, especulaciones y malinterpretaciones de hechos reales.

Además, algunas personas argumentan que el término "Nuevo Orden Mundial" es utilizado de manera equivocada o distorsionada, y que en realidad se refiere a un proceso de globalización económica y política liderado por organizaciones internacionales como las Naciones Unidas y la Unión Europea, y no a una conspiración para establecer un gobierno mundial secreto.

En la historia, ha habido varios eventos que han sido objeto de teorías de conspiración. A continuación, se describen algunos de los eventos históricos más relevantes relacionados con teorías de conspiración:

1. Asesinato de John F. Kennedy:

El asesinato del presidente John F. Kennedy en 1963 ha sido objeto de numerosas teorías de conspiración. Algunas teorías afirman que el gobierno de Estados Unidos o un grupo de poderosos individuos estuvieron detrás del asesinato, mientras que otras teorías apuntan a una conspiración internacional.

El asesinato del presidente John F. Kennedy en 1963 es considerado como uno de los eventos más trágicos y misteriosos en la historia de Estados Unidos. El 22 de noviembre de 1963, Kennedy fue asesinado mientras viajaba en un desfile en Dallas, Texas. El sospechoso declarado, Lee Harvey Oswald, fue acusado y arrestado por el asesinato, pero él mismo fue asesinado dos días después mientras estaba bajo custodia policial.

La investigación oficial del asesinato fue liderada por la Comisión Warren, que concluyó en su informe de 1964 que Oswald actuó solo en el asesinato y que no había evidencia de una conspiración. Sin embargo, esta conclusión ha sido objeto de críticas y escepticismo a lo largo de los años, y ha habido numerosas teorías de conspiración que han surgido en relación con el asesinato de Kennedy.

Algunas teorías de conspiración afirman que el gobierno de Estados Unidos o un grupo de poderosos individuos estuvieron detrás del asesinato, mientras que otras teorías apuntan a una conspiración internacional. Algunas teorías incluso sugieren que varias personas dispararon contra Kennedy desde diferentes ángulos.

En 1978, el Congreso de Estados Unidos creó la Comisión Selecta sobre Asesinatos de Presidentes para revisar de nuevo los hechos del caso y determinar si era necesaria una investigación adicional. En 1979, la comisión concluyó que Oswald actuó solo en el asesinato, pero también señaló que no había suficiente evidencia para determinar la existencia o no de una conspiración.

En 1992, una ley federal ordenó la liberación de todos los archivos relacionados con el asesinato de Kennedy, a menos que su liberación pudiera poner en peligro la seguridad nacional. En 2017, la mayoría de los archivos fueron liberados al público, pero algunos archivos aún permanecen clasificados y no han sido liberados.

A pesar de las investigaciones oficiales y la liberación de los archivos, las teorías de conspiración en relación con el asesinato de Kennedy continúan siendo populares. Muchas personas sienten que las investigaciones oficiales no han abordado todas las preguntas y que hay suficientes incongruencias en los hechos del caso para justificar una nueva investigación.

En resumen, el asesinato del presidente John F. Kennedy en 1963 es considerado como uno de los eventos más trágicos y misteriosos en la historia de Estados Unidos. La investigación oficial concluyó que Lee Harvey Oswald actuó solo en el asesinato, pero esta conclusión ha sido objeto de críticas y escepticismo a lo largo de los años. Hay numerosas teorías de conspiración que circulan en relación con el asesinato, pero la mayoría de ellas no tienen una base sólida en hechos concretos y deben ser consideradas con escepticismo.

2. Atentado de la rosa blanca:

El atentado de la Rosa Blanca fue un evento histórico que tuvo lugar en la Alemania Nazi en 1942. La Rosa Blanca (Die Weiße Rose en alemán) era un grupo de resistencia no violenta que se oponía al régimen nazi y promovía la desobediencia civil. El grupo estaba liderado por el hermano y la hermana Hans y Sophie Scholl, quienes, junto con otros miembros del grupo, distribuyeron panfletos y volantes en las universidades de Munich y Ulm, llamando a la resistencia contra el régimen nazi y denunciando los crímenes de guerra cometidos por los nazis.

El 18 de febrero de 1943, los miembros del grupo fueron descubiertos por un guardia mientras distribuían volantes en la universidad de Munich. Hans y Sophie Scholl, junto con otros miembros del grupo, fueron detenidos y juzgados por un tribunal militar nazi. Todos fueron condenados a muerte y ejecutados ese mismo mes.

El atentado de la Rosa Blanca es considerado como un acto valiente de resistencia contra el régimen nazi. A pesar de ser un grupo pequeño y desconocido en su momento, su legado ha sido recordado a través de los años como un ejemplo de coraje y valentía en la lucha contra la opresión y la injusticia. El caso de la Rosa Blanca fue una de las pocas voces de oposición en Alemania durante el régimen nazi y ha sido recordado como un símbolo de la resistencia contra el totalitarismo.

Además, el atentado de la Rosa Blanca también ha sido objeto de teorías de conspiración. Algunas teorías afirman que el grupo habría tenido un apoyo secreto de miembros de la élite alemana o de agentes extranjeros, mientras que otras teorías sugieren que el grupo habría sido infiltrado y controlado por el propio régimen nazi con el objetivo de justificar la represión contra la oposición. Sin embargo, estas teorías no tienen una base sólida en hechos concretos y deben ser consideradas con escepticismo.

En resumen, el atentado de la Rosa Blanca fue un acto valiente de resistencia contra el régimen nazi liderado por Hans y Sophie Scholl y otros miembros del grupo que distribuyeron panfletos y volantes llamando a la resistencia contra el régimen y denunciando los crímenes de guerra cometidos por los nazis. A pesar de ser un grupo pequeño y desconocido en su momento, su legado ha sido recordado como un ejemplo de coraje y valentía en la lucha contra la opresión y la injusticia.

3. Teorías de conspiración en torno a la muerte de Lincoln:

La muerte del presidente Abraham Lincoln en 1865 ha sido objeto de varias teorías de conspiración a lo largo de los años. El presidente Lincoln fue asesinado el 15 de abril de 1865 en Ford's Theatre en Washington D.C. por John Wilkes Booth, un actor y simpatizante confederado. Sin embargo, a lo largo de los años, han surgido varias teorías de conspiración que cuestionan la versión oficial de los hechos.

Una de las teorías más populares es que el gobierno de Estados Unidos o un grupo de poderosos individuos estuvieron detrás del asesinato. Según esta teoría, Lincoln habría sido asesinado como parte de una conspiración para evitar que pusiera en marcha un plan para mejorar la situación de los afroamericanos después de la guerra civil.

Otra teoría es que el asesinato de Lincoln fue planificado y ejecutado por agentes confederados o por un grupo de individuos poderosos que querían vengarse de Lincoln por su papel en la guerra civil y en la derrota de los confederados.

Otra teoría es que John Wilkes Booth no actuó solo y que había un grupo de conspiradores detrás de él. Según esta teoría, Booth habría sido un actor en una trama más amplia para asesinar al presidente.

Es importante señalar que estas teorías no tienen una base sólida en hechos concretos y deben ser consideradas con escepticismo. Aunque hay algunos detalles sospechosos en el caso, como el hecho de que Booth logró escapar después del asesinato y no fue capturado hasta varios días después, la mayoría de las pruebas apuntan a que Booth actuó solo. Además, las investigaciones oficiales realizadas en el momento y las investigaciones posteriores no han encontrado evidencia sólida de una conspiración.

En resumen, aunque hay varias teorías de conspiración en torno a la muerte de Lincoln, la mayoría de ellas carecen de una base sólida en hechos concretos y deben ser consideradas con escepticismo. La versión oficial de los hechos es que el presidente Lincoln fue asesinado por John Wilkes Booth, un actor y simpatizante confederado, que actuó solo.

4. Teoría de la conspiración de la muerte de Martin Luther King Jr:

La muerte del líder de derechos civiles Martin Luther King Jr. en 1968 ha sido objeto de varias teorías de conspiración a lo largo de los años. El Dr. King fue asesinado el 4 de abril de 1968 en Memphis, Tennessee, cuando fue alcanzado por un disparo mientras estaba en el balcón del Lorraine Motel. El sospechoso declarado, James Earl Ray, fue capturado y condenado por el asesinato. Sin embargo, a lo largo de los años, han surgido varias teorías de conspiración que cuestionan la versión oficial de los hechos.

Una de las teorías más populares es que el gobierno de Estados Unidos o un grupo de poderosos individuos estuvieron detrás del asesinato. Según esta teoría, el Dr. King habría sido asesinado como parte de una conspiración para silenciar su liderazgo en la lucha por los derechos civiles y para evitar que lograra más avances en la lucha por la igualdad racial.

Otra teoría es que el asesinato de King fue planificado y ejecutado por agentes de la inteligencia del gobierno o por un grupo de individuos poderosos que querían silenciar su liderazgo político y social.

Otra teoría es que James Earl Ray no actuó solo y que había un grupo de conspiradores detrás de él. Según esta teoría, Ray habría sido un actor en una trama más amplia para asesinar al Dr. King.

Es importante señalar que estas teorías no tienen una base sólida en hechos concretos y deben ser consideradas con escepticismo. Aunque hay algunos detalles sospechosos en el caso, como el hecho de que Ray logró escapar después del asesinato y no fue capturado hasta varios días después, la mayoría de las pruebas apuntan a que Ray actuó solo. Además, las investigaciones oficiales realizadas en el momento y las investigaciones posteriores no han encontrado evidencia sólida de una conspiración.

En resumen, aunque hay varias teorías de conspiración en torno a la muerte del Dr. Martin Luther King Jr., la mayoría de ellas carecen de una base sólida en hechos concretos y deben ser consideradas con escepticismo. La versión oficial de los hechos es que el Dr.

King fue asesinado por James Earl Ray, un individuo que actuó solo.

Sin embargo, es importante señalar que, a pesar de la conclusión de las investigaciones oficiales, hay un sector de la sociedad que ha expresado su descontento con la forma en que se llevó a cabo la investigación, y ha pedido una re-investigación, argumentando que la investigación original fue incompleta, y que hay pruebas que no han sido consideradas. En 1999, el hijo del Dr. King, Dexter King, se reunió con James Earl Ray y expresó su creencia de que Ray fue involucrado en una conspiración para asesinar a su padre. En 2000, la familia King presentó una petición para una nueva investigación, pero la petición fue negada.

En resumen, la muerte del Dr. Martin Luther King Jr. ha sido objeto de varias teorías de conspiración a lo largo de los años, pero la mayoría de ellas carecen de una base sólida en hechos concretos y deben ser consideradas con escepticismo. Aunque las investigaciones oficiales concluyen que James Earl Ray actuó solo, hay un sector de la sociedad que ha pedido una re-investigación debido a preocupaciones sobre la forma en que se llevó a cabo la investigación original.

5. Teoría de la conspiración de la muerte de Vincent van Gogh:

La muerte del artista Vincent van Gogh en 1890 ha sido objeto de varias teorías de conspiración a lo largo de los años. El artista murió el 29 de julio de 1890 después de dispararse en el pecho en un campo cerca de Auvers-sur-Oise, Francia. Aunque en un principio se creyó que Van Gogh se había suicidado, algunas teorías han surgido a lo largo de los años que cuestionan esta versión oficial.

Una de las teorías más populares es que Van Gogh no se suicidó, sino que fue asesinado. Según esta teoría, el artista habría sido asesinado por uno o varios individuos desconocidos, ya sea por motivos personales o por ser visto como una amenaza política o social.

Otra teoría es que Van Gogh se disparó accidentalmente mientras limpiaba su pistola. Esta teoría ha sido apoyada por algunos estudios de balística, que sugieren que la herida de bala no era consistente con un suicidio.

Otra teoría es que Van Gogh sufrió una esquizofrenia y se disparó en un ataque de delirio. Según esta teoría, el artista habría estado experimentando alucinaciones y delirios antes de su muerte.

Es importante señalar que estas teorías no tienen una base sólida en hechos concretos y deben ser consideradas con escepticismo. Aunque hay algunos detalles sospechosos en el caso, como el hecho de que Van Gogh dejó una carta a su hermano Theo en la que hablaba de su deseo de morir, la mayoría de las pruebas apuntan a que el artista se suicidó. Además, Van Gogh había sufrido problemas mentales y de salud durante gran parte de su vida, y había intentado suicidarse previamente.

En resumen, aunque hay varias teorías de conspiración en torno a la muerte de Vincent van Gogh, la mayoría de ellas carecen de una base sólida en hechos concretos y deben ser consideradas con escepticismo. La versión oficial de los hechos es que el artista se suicidó disparándose en el pecho en un campo cerca de Auvers-sur-Oise, Francia. Aunque hay algunos detalles sospechosos en el caso, la mayoría de las pruebas apuntan a que Van Gogh se suicidó debido a sus problemas mentales y de salud.

Sin embargo, es importante señalar que algunos estudiosos y expertos en la vida y obra de Van Gogh, han cuestionado la teoría del suicidio y han planteado la posibilidad de que la muerte del artista haya sido accidental o incluso un homicidio. Estos estudiosos han señalado la ausencia de una nota de suicidio, la posibilidad de que la carta a su hermano no fuera escrita con intención suicida, y la posibilidad de que Van Gogh estuviera en un estado de ánimo positivo en el momento de su muerte.

En conclusión, aunque la teoría del suicidio es la versión oficial de los hechos, hay algunas dudas y teorías alternativas sobre las circunstancias de la muerte de Vincent van Gogh que sugieren que su muerte pudo haber sido accidental o incluso un homicidio, aunque estas teorías no tienen una base sólida en hechos concretos y deben ser consideradas con escepticismo.

6. Teoría de la conspiración de Pearl Harbor:

El ataque japonés a Pearl Harbor en diciembre de 1941 ha sido objeto de varias teorías de conspiración a lo largo de los años. El ataque a la base naval de Pearl Harbor en Hawái causó la muerte de más de 2,400 estadounidenses y resultó en la entrada de Estados Unidos en la Segunda Guerra Mundial. Sin embargo, a lo largo de los años, han surgido varias teorías de conspiración que cuestionan la versión oficial de los hechos.

Una de las teorías más populares es que el gobierno de Estados Unidos sabía que el ataque estaba por venir y permitió que sucediera con el fin de tener una excusa para entrar en la guerra. Según esta teoría, el presidente Franklin D. Roosevelt y otros líderes del gobierno habrían permitido el ataque con el fin de "provocar" a Estados Unidos para entrar en la guerra.

Otra teoría es que el ataque a Pearl Harbor fue planificado y ejecutado por un grupo de individuos poderosos que querían manipular a Estados Unidos para entrar en la guerra. Según esta teoría, el ataque habría sido orquestado por individuos o grupos con intereses económicos o políticos en la guerra.

Otra teoría es que el gobierno de Estados Unidos sabía que el ataque estaba por venir, pero falló en proteger a Pearl Harbor debido a la negligencia y la competencia entre las diferentes agencias de inteligencia.

Es importante señalar que estas teorías no tienen una base sólida en hechos concretos y deben ser consideradas con escepticismo. Aunque hay algunos detalles sospechosos en el caso, como el hecho de que el gobierno estadounidense recibió informes de inteligencia previos sobre un posible ataque japonés, la mayoría de las pruebas apuntan a que el gobierno y las autoridades militares estadounidenses no tuvieron conocimiento previo del ataque y no permitieron que sucediera. Además, hay varios informes de investigaciones oficiales que han concluido que el gobierno y las autoridades militares estadounidenses actuaron de manera razonable y profesional en el manejo de la información y la preparación para el ataque.

En resumen, aunque hay varias teorías de conspiración en torno al ataque a Pearl Harbor, la mayoría de ellas carecen de una base sólida en hechos concretos y deben ser consideradas con escepticismo. La versión oficial de los hechos es que el ataque a Pearl Harbor fue llevado a cabo por Japón de manera sorpresiva, y el gobierno y las autoridades militares estadounidenses no tuvieron conocimiento previo del mismo, y no permitieron que sucediera. Aunque hay algunos detalles sospechosos en el caso, la mayoría de las pruebas apuntan a que el gobierno y las autoridades militares estadounidenses actuaron de manera razonable y profesional en el manejo de la información y la preparación para el ataque.

7. Teoría de la conspiración de la muerte de Marilyn Monroe:

La muerte de la actriz Marilyn Monroe en 1962 ha sido objeto de varias teorías de conspiración a lo largo de los años. La actriz murió el 5 de agosto de 1962 en su casa de Brentwood, California, y se informó que la causa de la muerte fue una sobredosis de barbitúricos. Sin embargo, a lo largo de los años, han surgido varias teorías de conspiración que cuestionan esta versión oficial de los hechos.

Una de las teorías más populares es que Monroe fue asesinada por orden de algún miembro de la élite política o de la industria del entretenimiento. Según esta teoría, Monroe habría sido asesinada por haber conocimiento de información comprometedora sobre algún individuo o grupo poderoso.

Otra teoría es que la muerte de Monroe fue un suicidio, pero que fue encubierto para evitar dañar la imagen pública de la actriz. Según esta teoría, Monroe habría tomado la decisión de suicidarse debido a problemas personales, pero su muerte fue presentada como un accidente para evitar la publicidad negativa.

Otra teoría es que Monroe fue asesinada por su propia familia o amigos cercanos, debido a problemas personales o financieros.

Es importante señalar que estas teorías no tienen una base sólida en hechos concretos y deben ser consideradas con escepticismo. Aunque hay algunos detalles sospechosos en el caso, como el hecho de que los informes de la autopsia y las investigaciones no fueron completamente transparentes, la mayoría de las pruebas apuntan a que la actriz murió por una sobredosis accidental de barbitúricos. Además, hay varios informes de investigaciones oficiales que han concluido que no hay evidencia de una conspiración o asesinato en la muerte de Marilyn Monroe.

Sin embargo, algunos seguidores de estas teorías de conspiración argumentan que hay varios detalles sospechosos en el caso que sugieren que la muerte de Monroe no fue un suicidio accidental. Por ejemplo, algunos han señalado la ausencia de una nota de suicidio, la posibilidad de que Monroe estuviera en un estado de ánimo positivo en el momento de su muerte, y la presencia de múltiples personas en su casa esa noche.

En resumen, aunque la teoría del suicidio es la versión oficial de los hechos, hay algunas dudas y teorías alternativas sobre las circunstancias de la muerte de Marilyn Monroe que sugieren que su muerte pudo haber sido un homicidio o un suicidio encubierto, aunque estas teorías no tienen una base sólida en hechos concretos y deben ser consideradas con escepticismo. Aunque hay algunos detalles sospechosos en el caso, la mayoría de las pruebas apuntan a que Monroe murió por una sobredosis accidental de barbitúricos.

8. Teoría de la conspiración de la muerte de Elvis Presley:

La muerte de Elvis Presley en 1977 ha sido objeto de varias teorías de conspiración a lo largo de los años. El famoso cantante y actor murió el 16 de agosto de 1977 en su casa de Memphis, Tennessee, y se informó que la causa de la muerte fue un fallo cardíaco debido a una combinación de enfermedades. Sin embargo, a lo largo de los años, han surgido varias teorías de conspiración que cuestionan esta versión oficial de los hechos.

Una de las teorías más populares es que Presley fue asesinado por orden de algún miembro de la élite política o de la industria del entretenimiento. Según esta teoría, Presley habría sido asesinado por haber conocimiento de información comprometedora sobre algún individuo o grupo poderoso.

Otra teoría es que la muerte de Presley fue un suicidio, pero que fue encubierto para evitar dañar la imagen pública del cantante. Según esta teoría, Presley habría tomado la decisión de suicidarse debido a problemas personales, pero su muerte fue presentada como un fallo cardíaco para evitar la publicidad negativa.

Otra teoría es que Presley fue asesinado por su propia familia o amigos cercanos, debido a problemas personales o financieros.

Es importante señalar que estas teorías no tienen una base sólida en hechos concretos y deben ser consideradas con escepticismo. Aunque hay algunos detalles sospechosos en el caso, como el hecho de que el informe oficial de la autopsia no fue completamente transparente, la mayoría de las pruebas apuntan a que Presley murió de un fallo cardíaco debido a una combinación de enfermedades. Además, hay varios informes de investigaciones oficiales que han concluido que no hay evidencia de una conspiración o asesinato en la muerte de Elvis Presley.

Sin embargo, algunos seguidores de estas teorías de conspiración argumentan que hay varios detalles sospechosos en el caso que sugieren que la muerte de Elvis Presley no fue un fallo cardíaco debido a enfermedades. Por ejemplo, algunos han señalado que el informe de la autopsia fue incompleto y no se ha hecho público completamente, la posibilidad de que Presley estuviera en buen estado de salud antes de su muerte, y la presencia de extrañas circunstancias en su entorno inmediato antes de su muerte.

En resumen, aunque la teoría del fallo cardíaco debido a enfermedades es la versión oficial de los hechos, hay algunas dudas y teorías alternativas sobre las circunstancias de la muerte de Elvis Presley que sugieren que su muerte pudo haber sido un homicidio o un suicidio encubierto, aunque estas teorías no tienen una base sólida en hechos concretos y deben ser consideradas con escepticismo. Aunque hay algunos detalles sospechosos en el caso, la mayoría de las pruebas apuntan a que Presley murió de un fallo cardíaco debido a una combinación de enfermedades.

9. Teoría de la conspiración de la muerte de Princesa Diana:

La muerte de la princesa Diana de Gales en 1997 ha sido objeto de varias teorías de conspiración a lo largo de los años. La princesa murió el 31 de agosto de 1997 en un accidente automovilístico en París, Francia. Sin embargo, a lo largo de los años, han surgido varias teorías de conspiración que cuestionan esta versión oficial de los hechos.

Una de las teorías más populares es que Diana fue asesinada por orden de algún miembro de la realeza británica o de la élite política. Según esta teoría, Diana habría sido asesinada debido a su conocimiento de información comprometedora sobre algún individuo o grupo poderoso, o debido a su posible plan para casarse con Dodi Al-Fayed, un musulmán egipcio.

Otra teoría es que la muerte de Diana fue un suicidio, pero que fue encubierto para evitar dañar la imagen pública de la princesa. Según esta teoría, Diana habría tomado la decisión de suicidarse debido a problemas personales, pero su muerte fue presentada como un accidente para evitar la publicidad negativa.

Otra teoría es que Diana fue asesinada por un servicio de inteligencia extranjero debido a su influencia política y social en el Reino Unido y en el mundo.

Es importante señalar que estas teorías no tienen una base sólida en hechos concretos y deben ser consideradas con escepticismo. Aunque hay algunos detalles sospechosos en el caso, como el hecho de que el conductor del automóvil, Henri Paul, tenía un alto nivel de alcohol en sangre, la mayoría de las pruebas apuntan a que la princesa murió en un accidente de tráfico debido a una combinación de factores, incluyendo la velocidad extrema del automóvil, la falta de seguridad en el vehículo y el estado de embriaguez del conductor. Además, varias investigaciones oficiales, incluyendo una investigación independiente en 2008, han concluido que no hay evidencia de una conspiración o asesinato en la muerte de Diana de Gales.

10. Teoría de la conspiración de la muerte de Michael Jackson:

La muerte del cantante y compositor Michael Jackson en 2009 ha sido objeto de varias teorías de conspiración a lo largo de los años. Jackson murió el 25 de junio de 2009 en su casa en Los Ángeles, California, y se informó que la causa de la muerte fue una sobredosis de Propofol y Benzodiazepinas. Sin embargo, a lo largo de los años, han surgido varias teorías de conspiración que cuestionan esta versión oficial de los hechos.

Una de las teorías más populares es que Jackson fue asesinado por algún miembro de la élite del entretenimiento o de la industria de la música. Según esta teoría, Jackson habría sido asesinado debido a su conocimiento de información comprometedora sobre algún individuo o grupo poderoso o debido a su plan de exponer la verdad sobre su estado de salud o sus problemas financieros.

Otra teoría es que la muerte de Jackson fue un suicidio, pero que fue encubierto para evitar dañar la imagen pública del cantante. Según esta teoría, Jackson habría tomado la decisión de suicidarse debido a problemas personales, pero su muerte fue presentada como una sobredosis accidental para evitar la publicidad negativa.

Otra teoría es que Jackson fue asesinado por su propia familia o amigos cercanos, debido a problemas personales o financieros.

Es importante señalar que estas teorías no tienen una base sólida en hechos concretos y deben ser consideradas con escepticismo. Aunque hay algunos detalles sospechosos en el caso, como el hecho de que Jackson estaba bajo el tratamiento de varios médicos al momento de su muerte, la mayoría de las pruebas apuntan a que el cantante murió por una sobredosis accidental de Propofol y Benzodiazepinas. Además, un juicio y varios informes de investigaciones oficiales han concluido que no hay evidencia de una conspiración o asesinato en la muerte de Michael Jackson.

Sin embargo, algunos seguidores de estas teorías de conspiración argumentan que hay varios detalles sospechosos en el caso que sugieren que la muerte de Michael Jackson no fue una sobredosis accidental. Por ejemplo, algunos han señalado que el cantante estaba planeando una gran gira en el momento de su muerte, que tenía planes de volver a grabar música, y que no había indicios de que estuviera planeando suicidarse. Además, algunos han cuestionado la actuación de los médicos que trataron a Jackson y la posibilidad de que alguien les hubiera suministrado las drogas que causaron su muerte.

En resumen, aunque la teoría de la sobredosis accidental es la versión oficial de los hechos, hay algunas dudas y teorías alternativas sobre las circunstancias de la muerte de Michael Jackson que sugieren que su muerte pudo haber sido un homicidio o un suicidio encubierto, aunque estas teorías no tienen una base sólida en hechos concretos y deben ser consideradas con escepticismo.

11. El incidente de Roswell:

El incidente de Roswell, que ocurrió en 1947, ha sido objeto de varias teorías de conspiración a lo largo de los años. Según la versión oficial del gobierno de los Estados Unidos, un dispositivo de vigilancia meteorológica de la Fuerza Aérea de los Estados Unidos se estrelló en Roswell, Nuevo México. Sin embargo, a lo largo de los años, se han formulado varias teorías de conspiración que cuestionan esta versión oficial de los hechos.

Una de las teorías más populares es que el incidente fue en realidad una nave extraterrestre que se estrelló en la Tierra y que fue encubierto por el gobierno de los Estados Unidos para ocultar la existencia de vida extraterrestre. Según esta teoría, el gobierno habría recuperado los restos de la nave y los ocupantes extraterrestres, y los habría ocultado de la opinión pública.

Otra teoría es que el incidente fue una prueba secreta de tecnología militar de los Estados Unidos, posiblemente un prototipo de una nave espacial o un globo sonda. Según esta teoría, el gobierno habría encubierto el incidente para ocultar su avanzada tecnología militar.

También hay teorías que afirman que el incidente fue un montaje para distraer la atención de otros eventos importantes que estaban ocurriendo en ese momento, o para generar un sentimiento de intriga y misterio en la población.

Es importante señalar que estas teorías no tienen una base sólida en hechos concretos y deben ser consideradas con escepticismo. Aunque hay algunos detalles sospechosos en el caso, la versión oficial del gobierno de los Estados Unidos de que se trató de un dispositivo de vigilancia meteorológica es considerada la más probable y la más apoyada por la evidencia disponible. Además, varias investigaciones y estudios realizados por expertos independientes han concluido que no hay evidencia de una conspiración o de la existencia de vida extraterrestre en relación con el incidente de Roswell.

Sin embargo, es importante mencionar que, debido a la falta de información y de acceso a los registros oficiales durante muchos años, el incidente de Roswell ha sido objeto de mucha especulación y ha generado un gran número de teorías de conspiración. Aunque la versión oficial ha sido respaldada por la mayoría de la evidencia disponible, todavía hay algunos detalles que son desconocidos y que han sido objeto de debate.

En resumen, el incidente de Roswell en 1947 es un evento histórico que ha sido objeto de mucha especulación y teorías de conspiración a lo largo de los años. Aunque hay algunos detalles sospechosos en el caso, la versión oficial del gobierno de los Estados Unidos de que se trató de un dispositivo de vigilancia meteorológica es considerada la más probable y la más apoyada por la evidencia disponible. Sin embargo, debido a la falta de información y de acceso a los registros oficiales durante muchos años, el incidente de Roswell sigue siendo objeto de debate y especulación.

Además, es importante mencionar que, a pesar de que la versión oficial del incidente de

Roswell es considerada la más probable por la mayoría de la evidencia disponible, hay algunos detalles que siguen siendo desconocidos y que han sido objeto de debate. Por ejemplo, algunos han cuestionado la forma en que el gobierno de los Estados Unidos manejó la información relacionada con el incidente, y han señalado que los informes oficiales y las declaraciones de los testigos son contradictorios y poco claros.

Además, a pesar de que el gobierno de los Estados Unidos ha declarado que no hay evidencia de vida extraterrestre en relación con el incidente de Roswell, algunos creen que la información sobre posibles restos de una nave y los ocupantes extraterrestres fue ocultada al público.

En resumen, el incidente de Roswell en 1947 es un evento histórico que ha sido objeto de mucha especulación y teorías de conspiración a lo largo de los años. Aunque la versión oficial del gobierno de los Estados Unidos de que se trató de un dispositivo de vigilancia meteorológica es considerada la más probable por la mayoría de la evidencia disponible, todavía hay algunos detalles que son desconocidos y que han sido objeto de debate. Además, hay quienes creen que la información sobre posibles restos de una nave y los ocupantes extraterrestres fue ocultada al público.

12.Atentado del 11 de septiembre: Las torres Gemelas:

El atentado terrorista del 11 de septiembre de 2001 en Nueva York, en el cual dos aviones secuestrados se estrellaron contra las Torres Gemelas del World Trade Center, causando su colapso y la muerte de casi 3,000 personas, ha sido objeto de varias teorías de conspiración a lo largo de los años.

La versión oficial del gobierno de los Estados Unidos es que el atentado fue llevado a cabo por un grupo de extremistas islámicos liderado por el líder de Al-Qaeda, Osama bin Laden. Según esta versión, los extremistas secuestraron cuatro aviones comerciales y los utilizaron como armas para atacar las Torres Gemelas y otro edificio del gobierno en Washington, D.C.

Sin embargo, algunas teorías de conspiración sugieren que el atentado fue llevado a cabo por el gobierno de los Estados Unidos o por un grupo secreto de conspiradores. Estas teorías argumentan que el gobierno tenía un interés en utilizar el atentado como justificación para llevar a cabo una guerra en Oriente Medio y para implementar medidas de seguridad más estrictas en el país.

Otras teorías de conspiración sugieren que el atentado fue llevado a cabo por un grupo de conspiradores que querían manipular los mercados financieros o que querían generar un cambio en la política interna y externa de los Estados Unidos.

Es importante señalar que estas teorías no tienen una base sólida en hechos concretos y deben ser consideradas con escepticismo. Aunque hay algunos detalles sospechosos en el caso, la mayoría de las pruebas apuntan a que el atentado fue llevado a cabo por un grupo de extremistas islámicos liderado por Osama bin Laden.

Además, varias investigaciones y estudios realizados por expertos independientes y organismos internacionales han respaldado la versión oficial del gobierno de los Estados Unidos de que el atentado fue llevado a cabo por extremistas islámicos. Entre estos estudios se encuentran las investigaciones del FBI, la Comisión del 11-S, y la investigación realizada por el Ministerio de Relaciones Exteriores de Arabia Saudita.

Sin embargo, es importante mencionar que debido a la complejidad y la gravedad del atentado, hay algunos detalles que siguen siendo desconocidos y que han sido objeto de debate. Por ejemplo, algunos han cuestionado la forma en que el gobierno de los Estados Unidos manejó la información relacionada con el atentado, y han señalado que los informes oficiales y las declaraciones de los testigos son contradictorios y poco claros.

En resumen, el atentado del 11 de septiembre de 2001 en Nueva York, en el cual dos aviones secuestrados se estrellaron contra las Torres Gemelas del World Trade Center, causando su colapso y la muerte de casi 3,000 personas, ha sido objeto de varias teorías de conspiración a lo largo de los años, pero la mayoría de las pruebas apuntan a que el atentado fue llevado a cabo por un grupo de extremistas islámicos liderado por Osama bin

Además, es importante mencionar que, a pesar de que la versión oficial del atentado del 11 de septiembre es considerada la más probable por la mayoría de la evidencia disponible, hay algunos detalles que siguen siendo desconocidos y que han sido objeto de debate. Por ejemplo, algunos han cuestionado la forma en que el gobierno de los Estados Unidos manejó la información relacionada con el atentado, y han señalado que los informes oficiales y las declaraciones de los testigos son contradictorios y poco claros.

Además, algunos han cuestionado la capacidad de los terroristas para llevar a cabo un atentado tan complejo y bien coordinado, y han sugerido que debió haber una participación de agentes internos o de una organización más grande detrás de los ataques.

Es importante destacar que estas teorías no cuentan con evidencia sólida y no han sido respaldadas por investigaciones independientes. Sin embargo, es importante que se sigan investigando los detalles del atentado para aclarar cualquier duda y brindar respuestas a las preguntas que todavía permanecen en relación con el atentado.

<u>**Capítulo 3: Teorías de conspiración contemporáneas**</u>

En este capítulo, examinaremos algunas de las teorías de conspiración más populares y discutidas en la actualidad. Estas teorías incluyen:

1. ***La teoría de la conspiración de la pandemia:***

Según esta teoría, la pandemia de COVID-19 no es una enfermedad natural, sino que fue creada y/o propagada por un grupo de conspiradores con fines malintencionados, como controlar la población o beneficiar a ciertos intereses económicos.

La teoría de la conspiración de la pandemia es una teoría que sugiere que la pandemia de COVID-19 no es causada por un virus real, sino que es una conspiración creada por científicos, políticos, y organizaciones internacionales para engañar a la población y controlar su comportamiento. Según esta teoría, la pandemia sería un engaño y las medidas de salud pública serían exageradas o incluso una forma de control social.

Sin embargo, esta teoría no tiene una base sólida en hechos concretos y no es considerada cierta por la mayoría de los expertos en la materia. La evidencia científica para la pandemia de COVID-19 es contundente, y es respaldada por una amplia comunidad científica en todo el mundo. El virus SARS-CoV-2, que causa la enfermedad COVID-19, ha sido identificado y caracterizado en varios laboratorios alrededor del mundo.

La pandemia de COVID-19 ha sido declarada por la OMS como una pandemia y ha afectado a millones de personas en todo el mundo. Las medidas de salud pública, como el distanciamiento social y el uso de mascarillas, son recomendadas por expertos en salud pública para mitigar la propagación del virus y proteger a la población.

En resumen, La teoría de la conspiración de la pandemia es una teoría que sugiere que la pandemia de COVID-19 no es causada por un virus real, sino que es una conspiración creada por científicos, políticos y organizaciones internacionales para engañar a la población y controlar su comportamiento. Sin embargo, esta teoría no tiene una base sólida en hechos concretos y no es considerada cierta por la mayoría de los expertos en la materia. Es importante ser crítico y evaluar la información con un enfoque basado en hechos antes de dar crédito a estas teorías y no compartir información sin antes haberla verificado.

2. La teoría de la conspiración del cambio climático:

Según esta teoría, el cambio climático no es un fenómeno natural, sino que es el resultado de una conspiración para controlar la economía y los recursos naturales a nivel mundial.

La teoría de la conspiración del cambio climático es una teoría que sugiere que el cambio climático no es causado por actividades humanas, sino que es una conspiración creada por científicos, políticos y empresas para engañar a la población y controlar su comportamiento. Según esta teoría, el calentamiento global sería un engaño y las evidencias científicas serían falsas o exageradas.

Sin embargo, esta teoría no tiene una base sólida en hechos concretos y no es considerada cierta por la mayoría de los expertos en la materia. La evidencia científica para el cambio climático causado por el ser humano es contundente, y es respaldada por una amplia comunidad científica en todo el mundo.

La evidencia científica muestra que las emisiones de gases de efecto invernadero, principalmente el dióxido de carbono (CO_2), causado principalmente por la quema de combustibles fósiles, son el principal factor para el cambio climático global. El calentamiento global aumenta la frecuencia y la intensidad de eventos climáticos extremos, como sequías, inundaciones y tormentas, y tiene un impacto negativo en la economía, la salud humana y los ecosistemas.

En resumen, La teoría de la conspiración del cambio climático es una teoría que sugiere que el cambio climático no es causado por actividades humanas, sino que es una conspiración creada por científicos, políticos y empresas para engañar a la población y controlar su comportamiento. Sin embargo, esta teoría no tiene una base sólida en hechos concretos y no es considerada cierta por la mayoría de los expertos en la materia. Es importante ser crítico y evaluar la información con un enfoque basado en hechos antes de dar crédito a estas teorías y no compartir información sin antes haberla verificado.

3. *La teoría de la conspiración de la manipulación de las elecciones:*

Según esta teoría, las elecciones democráticas son manipuladas por un grupo de conspiradores con el objetivo de controlar el poder político.

La teoría de la conspiración de la manipulación de las elecciones es una teoría que sugiere que individuos o grupos con intereses ocultos estarían manipulando o alterando el resultado de las elecciones para obtener el resultado deseado. Según esta teoría, estos individuos o grupos podrían estar utilizando medios como el fraude electoral, el robo de votos, la manipulación de los medios de comunicación y la interferencia extranjera para influir en el resultado de las elecciones.

Algunos defensores de esta teoría argumentan que los partidos políticos, las empresas, o incluso los gobiernos extranjeros estarían manipulando las elecciones para obtener el resultado deseado. También se argumenta que las redes sociales y la tecnología estarían siendo utilizadas para difundir información falsa o manipular la opinión pública con el fin de influir en el resultado de las elecciones.

Sin embargo, la mayoría de los expertos en la materia consideran que esta teoría es exagerada y no tiene base en hechos concretos. Aunque es cierto que pueden ocurrir casos aislados de fraude electoral o interferencia extranjera, estos son generalmente considerados como excepciones a la regla y no como un patrón generalizado. Además, las elecciones son generalmente supervisadas y reguladas por organismos independientes para garantizar la transparencia y la integridad del proceso electoral.

En resumen, La teoría de la conspiración de la manipulación de las elecciones es una teoría que sugiere que individuos o grupos con intereses ocultos estarían manipulando o alterando el resultado de las elecciones para obtener el resultado deseado. Sin embargo, esta teoría no tiene una base sólida en hechos concretos y no es considerada cierta por la mayoría de los expertos en la materia. Es importante ser crítico y evaluar la información con un enfoque basado en hechos antes de dar crédito a estas teorías y no compartir información sin antes haberla verificado.

4. *La teoría de la conspiración del control mental:*

Según esta teoría, existen grupos o individuos que utilizan técnicas de control mental para manipular y controlar la mente de las personas.

La teoría de la conspiración del control mental es una teoría que sugiere que individuos o grupos con intereses ocultos estarían utilizando técnicas de control mental para manipular a la población y controlar sus pensamientos y acciones. Según esta teoría, estos individuos o grupos podrían estar utilizando medios como la subliminalidad, la programación neurolingüística (PNL), la hipnosis y la tecnología de ondas cerebrales para controlar a las personas.

Algunos defensores de esta teoría argumentan que las agencias gubernamentales, los medios de comunicación, y las empresas estarían utilizando técnicas de control mental para manipular a la población y controlar sus pensamientos y acciones. También se argumenta que estas técnicas estarían siendo utilizadas para controlar la opinión pública, influir en las elecciones, o incluso controlar el comportamiento humano.

Sin embargo, la mayoría de los expertos en la materia consideran que esta teoría es exagerada y no tiene base en hechos concretos. Muchas de las técnicas mencionadas, como la subliminalidad y la programación neurolingüística, han sido objeto de estudios científicos y no se ha encontrado evidencia de que sean efectivas para controlar el comportamiento humano. Además, la mayoría de las técnicas de control mental son ilegales y están prohibidas en muchos países.

En resumen, La teoría de la conspiración del control mental es una teoría que sugiere que individuos o grupos con intereses ocultos estarían utilizando técnicas de control mental para manipular a la población y controlar sus pensamientos y acciones. Sin embargo, esta teoría no tiene una base sólida en hechos concretos y no es considerada cierta por la mayoría de los expertos en la materia. Es importante ser crítico y evaluar la información con un enfoque basado en hechos antes de dar crédito a estas teorías y no compartir información sin antes haberla verificado.

5. *La teoría de la conspiración de la tecnología:*

Según esta teoría, existen grupos o individuos que utilizan la tecnología para controlar y manipular a la sociedad.

La teoría de la conspiración de la tecnología es una teoría que sugiere que la tecnología estaría siendo utilizada o manipulada por individuos o grupos con intereses ocultos para controlar a la humanidad. Según esta teoría, la tecnología podría estar siendo utilizada para espiar a las personas, manipular sus pensamientos y acciones, o incluso controlar sus vidas.

Algunos defensores de esta teoría argumentan que las grandes empresas tecnológicas y los gobiernos estarían desarrollando tecnologías con fines malintencionados, como el control de la información y la manipulación de la opinión pública. También se argumenta que existen programas de inteligencia artificial con una capacidad de aprendizaje autónomo que podrían tomar decisiones peligrosas e incluso volverse hostiles hacia la humanidad.

Sin embargo, la mayoría de los expertos en la materia consideran que esta teoría es exagerada y no tiene base en hechos concretos. Aunque es cierto que la tecnología está avanzando rápidamente y puede tener impactos significativos en la sociedad, estos impactos son generalmente considerados como desafíos a ser abordados y mitigados mediante la regulación y la supervisión adecuadas, en lugar de ser vistos como una amenaza para la humanidad.

En resumen, La teoría de la conspiración de la tecnología es una teoría que sugiere que la tecnología estaría siendo utilizada o manipulada por individuos o grupos con intereses ocultos para controlar a la humanidad. Sin embargo, esta teoría no tiene una base sólida en hechos concretos y no es considerada cierta por la mayoría de los expertos en la materia. Es importante ser crítico y evaluar la información con un enfoque basado en hechos antes de dar crédito a estas teorías y no compartir información sin antes haberla verificado.

6. La teoría de la conspiración de la vacuna:

Según esta teoría, las vacunas son peligrosas y están diseñadas para causar daño a la salud de las personas, o incluso utilizadas para controlar y manipular a la población.

La teoría de la conspiración de la vacuna es una teoría que sugiere que las vacunas estarían siendo utilizadas o manipuladas por individuos o grupos con intereses ocultos para controlar a la humanidad. Según esta teoría, las vacunas podrían contener sustancias dañinas o incluso ser utilizadas como una forma de control demográfico o para implantar microchip para controlar a la población.

Algunos defensores de esta teoría argumentan que las empresas farmacéuticas y los gobiernos estarían desarrollando vacunas con fines malintencionados, como el control de la población o la manipulación genética. También se argumenta que las vacunas son innecesarias o incluso peligrosas para la salud.

Sin embargo, la mayoría de los expertos en la materia consideran que esta teoría es falsa y no tiene base en hechos concretos. Las vacunas son una herramienta esencial para prevenir enfermedades y han salvado millones de vidas a lo largo de la historia. Además, las vacunas son sometidas a rigurosos estudios científicos y pruebas clínicas antes de ser aprobadas para su uso. Estos estudios han demostrado que las vacunas son seguras y efectivas en la prevención de enfermedades graves.

En resumen, La teoría de la conspiración de la vacuna es una teoría falsa que sugiere que las vacunas estarían siendo utilizadas o manipuladas por individuos o grupos con intereses ocultos para controlar a la humanidad. Sin embargo, esta teoría no tiene una base sólida en hechos concretos y no es considerada cierta por la mayoría de los expertos en la materia. Es importante ser crítico y evaluar la información con un enfoque basado en hechos antes de dar crédito a estas teorías y no compartir información sin antes haberla verificado.

7. *La teoría de la conspiración de la inteligencia artificial:*

Según esta teoría, la inteligencia artificial está siendo utilizada para controlar y manipular a la población, o incluso para crear un "nuevo orden mundial" gobernado por máquinas.

La teoría de la conspiración de la inteligencia artificial (IA) es una teoría que sugiere que los avances en IA estarían siendo utilizados o manipulados por individuos o grupos con intereses ocultos para controlar a la humanidad. Según esta teoría, estos individuos o grupos estarían utilizando la IA para espiarnos, manipularnos o incluso reemplazarnos.

Algunos defensores de esta teoría argumentan que las grandes empresas y los gobiernos estarían desarrollando tecnologías de IA con fines malintencionados, como el control de la información y la manipulación de la opinión pública. También se argumenta que existen programas de IA con una capacidad de aprendizaje autónomo que podrían tomar decisiones peligrosas e incluso volverse hostiles hacia la humanidad.

Sin embargo, la mayoría de los expertos en la materia consideran que esta teoría es exagerada y no tiene base en hechos concretos. Aunque es cierto que la IA está avanzando rápidamente y puede tener impactos significativos en la sociedad, estos impactos son generalmente considerados como desafíos a ser abordados y mitigados mediante la regulación y la supervisión adecuadas, en lugar de ser vistos como una amenaza para la humanidad.

En resumen, La teoría de la conspiración de la inteligencia artificial es una teoría que sugiere que los avances en IA estarían siendo utilizados o manipulados por individuos o grupos con intereses ocultos para controlar a la humanidad. Sin embargo, esta teoría no tiene una base sólida en hechos concretos y no es considerada cierta por la mayoría de los expertos en la materia. Es importante ser crítico y evaluar la información con un enfoque basado en hechos antes de dar crédito a estas teorías y no compartir información sin antes haberla verificado.

8. *La teoría de la conspiración de los reptilianos:*

Según esta teoría, una raza alienígena de seres reptilianos está en control detrás de escena de los gobiernos y las organizaciones mundiales importantes.

La teoría de la conspiración de los reptilianos es una teoría que sugiere que una raza alienígena de seres reptilianos estaría controlando o influyendo en los asuntos humanos a través de la manipulación de la economía, la política y los medios de comunicación. Según esta teoría, estos seres reptilianos estarían trabajando en secreto para establecer un "Nuevo Orden Mundial" y establecer una dictadura global.

Esta teoría ha sido promovida por algunos escritores y oradores alternativos, pero no tiene base en hechos concretos y no es considerada cierta por la mayoría de los expertos en la materia, incluyendo la comunidad científica y las autoridades gubernamentales. No hay evidencia concreta que respalde la existencia de seres reptilianos o su influencia en los asuntos humanos.

Es importante mencionar que esta teoría de conspiración se basa en mitos y creencias populares antiguos, pero no hay evidencia concreta que respalde su existencia. Es importante ser crítico y evaluar la información con un enfoque basado en hechos antes de dar crédito a estas teorías y no compartir información sin antes haberla verificado.

9. *La teoría de la conspiración de los ovnis:*

Según esta teoría, los ovnis son naves extraterrestres que han visitado la Tierra, y el gobierno está encubriendo esta información para ocultar la verdad sobre la existencia de vida extraterrestre.

La teoría de la conspiración de los ovnis es una teoría que sugiere que el gobierno de los Estados Unidos y otros gobiernos estarían encubriendo información sobre la existencia de vida extraterrestre y la presencia de naves alienígenas en nuestro sistema solar. Según esta teoría, las autoridades estarían ocultando evidencias y testimonios de avistamientos de ovnis, así como información sobre posibles contactos con seres extraterrestres.

Algunos defensores de esta teoría argumentan que hay un gran número de avistamientos de ovnis que no pueden ser explicados por fenómenos naturales o por medios convencionales, y que el gobierno estaría ocultando esta información para evitar causar pánico o para mantener el control sobre la población. También se argumenta que hay una gran cantidad de documentos clasificados y registros militares que respaldarían esta teoría.

Sin embargo, la mayoría de los expertos en la materia consideran que esta teoría es falsa. Aunque hay un gran número de avistamientos de ovnis, la gran mayoría de ellos pueden ser explicados por fenómenos naturales o por medios convencionales. Además, la mayoría de las evidencias presentadas para respaldar esta teoría no son concluyentes y pueden ser explicadas de manera alternativa.

En resumen, la teoría de la conspiración de los ovnis es una teoría que sugiere que el gobierno de los Estados Unidos y otros gobiernos estarían encubriendo información sobre la existencia de vida extraterrestre y la presencia de naves alienígenas en nuestro sistema solar. Sin embargo, esta teoría no tiene una base sólida en hechos concretos y no es considerada cierta por la mayoría de los expertos en la materia. Es importante ser crítico y evaluar la información con un enfoque basado en hechos antes de dar crédito a estas teorías y no compartir información sin antes haberla verificado. Es importante mencionar que aunque hay avistamientos de ovnis, la mayoría de ellos pueden ser explicados por fenómenos naturales o por medios convencionales, y no hay evidencia concreta que respalde la existencia de vida extraterrestre o naves alienígenas visitando nuestro planeta.

Además, muchas de estas teorías de conspiración se basan en testimonios de testigos oculares, pero es importante tener en cuenta que el testimonio humano puede ser influenciado por la percepción, la memoria y otros factores, lo que puede generar informes inexactos o inexistentes.

Es importante mencionar que las agencias gubernamentales y militares han investigado los avistamientos de ovnis, pero hasta la fecha no se ha encontrado evidencia concreta de la existencia de vida extraterrestre o naves alienígenas visitando nuestro planeta. Por lo tanto, es importante ser crítico y evaluar la información con un enfoque basado en hechos antes de dar crédito a estas teorías de conspiración.

Además, es importante mencionar que muchas de estas teorías de conspiración en torno a los ovnis se basan en información que ha sido desclasificada o liberada por agencias gubernamentales en las últimas décadas. Sin embargo, esta información no siempre es concluyente y a menudo se interpreta de manera errónea o exagerada.

En resumen, la teoría de la conspiración de los ovnis es una teoría que sugiere que el gobierno de los Estados Unidos y otros gobiernos estarían encubriendo información sobre la existencia de vida extraterrestre y la presencia de naves alienígenas en nuestro sistema solar. Sin embargo, esta teoría no tiene una base sólida en hechos concretos y no es considerada cierta por la mayoría de los expertos en la materia. Es importante ser crítico y evaluar la información con un enfoque basado en hechos antes de dar crédito a estas teorías y no compartir información sin antes haberla verificado.

10. *La teoría de la conspiración de la Luna y el espacio:*

La teoría de la conspiración de la Luna y el espacio es una teoría que sugiere que la llegada del hombre a la Luna fue un fraude orquestado por el gobierno de los Estados Unidos con el objetivo de ganar la carrera espacial contra la Unión Soviética. Según esta teoría, la

NASA no realmente envió una misión tripulada a la Luna en 1969, sino que filmó una simulación en un estudio de grabación para hacer creer al mundo que habían logrado el hito.

Algunos defensores de esta teoría argumentan que hay pruebas de que las fotos y las grabaciones de la misión Apolo no son auténticas, y que la bandera ondeando en la superficie lunar es un truco de iluminación. También se argumenta que hay discrepancias en los registros de las misiones Apolo, como la falta de sombras y la ausencia de estrellas en las fotografías.

Sin embargo, la mayoría de los expertos en la materia consideran que esta teoría es falsa. La NASA y las agencias espaciales de otras naciones han proporcionado una gran cantidad de pruebas y evidencias para respaldar la autenticidad de las misiones Apolo, incluyendo muestras de roca lunar traídas a la Tierra, la presencia de una estación satelital en la Luna y las imágenes de satélites.

En resumen, la teoría de la conspiración de la Luna y el espacio es una teoría que sugiere que la llegada del hombre a la Luna fue un fraude orquestado por el gobierno de los Estados Unidos con el objetivo de ganar la carrera espacial contra la Unión Soviética, pero esta teoría no tiene una base sólida en hechos concretos y no es considerada cierta por la mayoría de los expertos en la materia.

Es importante mencionar que estas teorías de conspiración contemporáneas no tienen una base sólida en hechos concretos y deben ser consideradas con escepticismo. Aunque hay algunos detalles sospechosos en estos casos, la mayoría de las pruebas apuntan a que estas teorías no tienen fundamento y no son ciertas. Sin embargo, es importante seguir investigando y estudiando estos temas para obtener una comprensión completa y precisa de la realidad.

Además, es importante mencionar que muchas de estas teorías de conspiración contemporáneas son alimentadas por desinformación y noticias falsas que circulan en línea. Es esencial verificar la veracidad de la información antes de dar crédito a estas teorías y no compartir información sin antes haberla verificado. Además, esta teoría ha sido desmentida por varios astronautas y científicos que participaron en las misiones Apolo, así como por otras agencias espaciales internacionales que han confirmado la autenticidad de las misiones.

También es importante mencionar que esta teoría de conspiración ha sido desmentida por varios estudios científicos, incluyendo estudios geológicos y geofísicos que han analizado las muestras de roca lunar traídas a la Tierra y los datos recogidos por las sondas espaciales que han explorado la Luna.

En conclusión, la teoría de la conspiración de la Luna y el espacio es una teoría sin fundamento y no tiene base en hechos concretos. Es importante ser crítico y evaluar la información con un enfoque basado en hechos antes de dar crédito a estas teorías y no compartir información sin antes haberla verificado. Es importante seguir investigando y estudiando estos temas para obtener una comprensión completa y precisa de la realidad.

Además, esta teoría de conspiración también sugiere que la NASA y otras agencias espaciales estarían ocultando información sobre la existencia de vida extraterrestre y la presencia de naves alienígenas en nuestro sistema solar. Sin embargo, estas afirmaciones también carecen de pruebas concretas y son consideradas como falsas por la comunidad científica y las autoridades espaciales.

Es importante tener en cuenta que las teorías de conspiración pueden tener consecuencias negativas, como desacreditar la ciencia y la investigación, socavar la confianza en las instituciones y las autoridades, y dificultar la toma de decisiones basadas en hechos. Por lo tanto, es crucial ser crítico y evaluar la información con un enfoque basado en hechos antes de dar crédito a estas teorías y no compartir información sin antes haberla verificado.

En resumen, la teoría de la conspiración de la Luna y el espacio es una teoría falsa que sugiere que la llegada del hombre a la Luna fue un fraude orquestado por el gobierno de los Estados Unidos. No tiene fundamento y ha sido desmentida por la evidencia científica y las autoridades espaciales. Es importante ser crítico y evaluar la información con un enfoque basado en hechos antes de dar crédito a estas teorías y no compartir información sin antes haberla verificado.

Resumiendo, las teorías de conspiración contemporáneas son un fenómeno recurrente en la sociedad actual y pueden tener un impacto significativo en la forma en que las personas perciben y entienden eventos importantes. Aunque algunas de estas teorías pueden tener un cierto nivel de atractivo y pueden ser discutidas con interés, es importante ser crítico y evaluar la veracidad de estas teorías con un enfoque basado en hechos y evitar caer en la desinformación.

Además, es importante mencionar que algunas teorías de conspiración contemporáneas pueden ser peligrosas y pueden tener consecuencias negativas para la sociedad. Por ejemplo, las teorías de conspiración relacionadas con la pandemia pueden llevar a personas a negar la gravedad de la enfermedad y a no seguir las medidas de prevención recomendadas, lo que puede tener un impacto negativo en la salud pública.

Por otro lado, las teorías de conspiración relacionadas con el cambio climático pueden llevar a personas a negar la realidad del cambio climático y a no tomar medidas para reducir sus emisiones de gases de efecto invernadero y proteger el medio ambiente.

En conclusión, es importante ser crítico y evaluar la veracidad de las teorías de conspiración contemporáneas con un enfoque basado en hechos y evitar caer en la desinformación. Es importante seguir investigando y estudiando estos temas para obtener una comprensión completa y precisa de la realidad y tomar medidas para prevenir cualquier consecuencia negativa para la sociedad.

Además, es importante mencionar que las teorías de conspiración pueden ser utilizadas como una herramienta de manipulación política y social. A menudo, son promovidas por individuos o grupos con intereses políticos o económicos específicos con el objetivo de desestabilizar la sociedad y socavar la confianza en las instituciones y las autoridades.

Por lo tanto, es importante estar alerta a estas estrategias de manipulación y desarrollar un pensamiento crítico para evaluar la información y las teorías de conspiración de manera objetiva.

Además, es importante seguir estudiando y investigando estas teorías de conspiración para obtener una comprensión precisa y completa de la realidad y tomar medidas para prevenir cualquier consecuencia negativa para la sociedad. Aunque no todas las teorías de conspiración son verdaderas, es importante tomarlas en serio y estudiar las implicaciones de las que sí lo son.

En resumen, este capítulo se ha enfocado en algunas de las teorías de conspiración contemporáneas más populares y discutidas en la actualidad. Sin embargo, es importante seguir investigando y estudiando estos temas para obtener una comprensión completa y precisa de la realidad, y para prevenir cualquier consecuencia negativa para la sociedad.

Teorías de conspiración en torno a la tecnología y la ciencia

Existen varias teorías de conspiración en torno a la tecnología y la ciencia que sugieren que individuos o grupos con intereses ocultos estarían manipulando o ocultando información para controlar el avance tecnológico y científico. Algunas de estas teorías incluyen:

1. ***La teoría de la conspiración de los antiguos astronautas:***

Esta teoría sugiere que los antiguos pueblos de la Tierra fueron visitados por seres extraterrestres, y que estos seres les dieron la tecnología para construir monumentos y estructuras impresionantes.

La teoría de la conspiración de los antiguos astronautas es una teoría que sugiere que los antiguos pueblos de la Tierra fueron visitados por seres extraterrestres, y que estos seres les dieron la tecnología para construir monumentos y estructuras impresionantes. Según esta teoría, los antiguos astronautas ayudaron a los antiguos pueblos a construir monumentos como las Pirámides de Giza en Egipto, las estructuras de Stonehenge en Inglaterra, y las líneas de Nazca en Perú.

La teoría de los antiguos astronautas ha sido popularizada por el autor Erich von Däniken en su libro "Chariots of the Gods" (1968) y ha sido objeto de numerosas teorías, películas y programas de televisión. Sin embargo, esta teoría no tiene una base sólida en hechos concretos y no es considerada cierta por la mayoría de los expertos en la materia.

La mayoría de los arqueólogos y egiptólogos consideran que las Pirámides de Giza fueron construidas por los antiguos egipcios utilizando técnicas de construcción conocidas de la época, como la tala de piedra y el uso de rampas. En cuanto a Stonehenge, se cree que fue construido por los antiguos celtas durante el periodo Neolítico y la Edad de Bronce. Las líneas de Nazca son consideradas como una obra de ingeniería civil y se cree que fueron creadas para ser vistas desde el aire.

En resumen, la teoría de la conspiración de los antiguos astronautas es una teoría que sugiere que los antiguos pueblos de la Tierra fueron visitados por seres extraterrestres, y que estos seres les dieron la tecnología para construir monumentos y estructuras impresionantes. Sin embargo, esta teoría no tiene una base sólida en hechos concretos y no es considerada cierta por la mayoría de los expertos en la materia. La mayoría de los arqueólogos y expertos en historia consideran que estos monumentos y estructuras fueron construidos por los antiguos pueblos utilizando técnicas conocidas de la época.

En seguida, es importante mencionar que algunas teorías de conspiración de los antiguos astronautas sugieren que estos seres extraterrestres habrían dejado detrás de ellos artefactos y tecnología avanzada que todavía podría estar escondida o oculta en la actualidad. Algunos defensores de esta teoría argumentan que estos artefactos podrían incluir objetos encontrados en ruinas antiguas, como las momias encontradas en Egipto, o incluso en objetos modernos como los encontrados en la Antártida.

Sin embargo, estas afirmaciones carecen de evidencia sólida y no son respaldadas por la mayoría de la comunidad científica. Además, la idea de que los antiguos pueblos habrían tenido acceso a tecnología avanzada es altamente improbable dado el nivel de conocimiento y habilidades técnicas de la época.

En general, es importante recordar que las teorías de conspiración deben ser evaluadas críticamente y con un enfoque basado en hechos. Aunque pueden ser interesantes de considerar, es importante tener en cuenta que muchas de estas teorías carecen de evidencia sólida y no son respaldadas por la mayoría de la comunidad científica y académica. Es importante seguir la investigación científica y tecnológica de una manera crítica y objetiva, y no dar crédito a teorías sin fundamento.

2. *La teoría de la conspiración de la energía libre:*

Esta teoría sugiere que individuos o grupos estarían ocultando la existencia de una fuente de energía libre y renovable para controlar el acceso a la energía.

La teoría de la conspiración de la energía libre es una teoría que sugiere que individuos o grupos estarían ocultando la existencia de una fuente de energía libre y renovable para controlar el acceso a la energía. Según esta teoría, existiría una tecnología capaz de generar energía de manera gratuita, pero estaría siendo ocultada por el gobierno, las empresas energéticas y los científicos para mantener el control sobre la producción y distribución de energía.

La idea de una fuente de energía libre y renovable es un concepto atractivo, pero la teoría de la conspiración de la energía libre no tiene una base sólida en hechos concretos y no es considerada cierta por la mayoría de los expertos en la materia. La mayoría de los científicos y expertos en energía consideran que, actualmente, no existe una tecnología que pueda generar energía de manera gratuita y que la investigación y el desarrollo de nuevas fuentes de energía continúa siendo un desafío importante en la actualidad.

Es importante recordar que las teorías de conspiración deben ser evaluadas críticamente y con un enfoque basado en hechos. Aunque pueden ser interesantes de considerar, es importante tener en cuenta que muchas de estas teorías carecen de evidencia sólida y no son respaldadas por la mayoría de la comunidad científica y académica. Es importante seguir la investigación científica y tecnológica de una manera crítica y objetiva, y no dar crédito a teorías sin fundamento.

3. *La teoría de la conspiración de las armas secretas:*

Esta teoría sugiere que los gobiernos o las empresas estarían desarrollando armas secretas utilizando tecnologías avanzadas, y que estas armas serían utilizadas para controlar o manipular a la población.

La teoría de la conspiración de las armas secretas es una teoría que sugiere que existen armas y tecnologías secretas desarrolladas y controladas por el gobierno o empresas privadas que son ocultas al público. Según esta teoría, estas armas y tecnologías podrían incluir armas de energía, armas biológicas, armas químicas, armas nucleares, y tecnologías avanzadas de vigilancia y control mental.

Aunque es cierto que existen armas y tecnologías avanzadas desarrolladas por el gobierno y las empresas privadas, la mayoría de estas son conocidas por el público y están sujetas a regulaciones y control gubernamental. Además, la mayoría de las teorías de conspiración de armas secretas carecen de evidencia sólida y no son respaldadas por la mayoría de la comunidad científica y académica.

Sin embargo, es importante mencionar que algunas veces el gobierno y las empresas privadas no revelan información completa sobre sus programas de armamento y tecnología de defensa, ya que consideran que esta información es clasificada para proteger la seguridad nacional. Pero es importante recordar que estas decisiones son tomadas por un conjunto de expertos y no por una sola persona u organización.

En resumen, la teoría de la conspiración de las armas secretas es una teoría que sugiere que existen armas y tecnologías secretas desarrolladas y controladas por el gobierno o empresas privadas que son ocultas al público. Sin embargo, esta teoría no tiene una base sólida en hechos concretos y no es considerada cierta por la mayoría de los expertos en la materia. Es importante recordar que las teorías de conspiración deben ser evaluadas críticamente y con un enfoque basado en hechos, y no dar crédito a teorías sin fundamento.

4. *La teoría de la conspiración de la ingeniería genética:*

Esta teoría sugiere que individuos o grupos estarían manipulando los genes de plantas, animales y seres humanos para obtener beneficios económicos o políticos.

La teoría de la conspiración de la ingeniería genética es una teoría que sugiere que individuos o grupos estarían ocultando o manipulando la investigación y el desarrollo de la ingeniería genética para fines malintencionados o para controlar la población. Según esta teoría, podría existir una manipulación genética en humanos, animales o plantas, con el fin de controlar la población, crear criaturas o cultivos sobrenaturales, o lograr un cambio evolutivo.

La ingeniería genética es un campo de investigación en constante evolución con muchos desarrollos y aplicaciones importantes en la medicina, la agricultura y la biotecnología. Sin embargo, como todas las tecnologías, también tiene sus riesgos y desafíos éticos.

Es importante mencionar que existen regulaciones y leyes en todo el mundo para garantizar que la investigación y el desarrollo de la ingeniería genética se realicen de manera segura y ética. Además, existen organismos internacionales que supervisan y regulan esta tecnología.

En resumen, la teoría de la conspiración de la ingeniería genética es una teoría que sugiere que individuos o grupos estarían ocultando o manipulando la investigación y el desarrollo de la ingeniería genética para fines malintencionados o para controlar la población. Sin embargo, esta teoría carece de evidencia sólida y no es respaldada por la mayoría de la comunidad científica y académica. Es importante recordar que las teorías de conspiración deben ser evaluadas críticamente y con un enfoque basado en hechos, y no dar crédito a teorías sin fundamento. Es importante seguir la investigación científica y tecnológica de una manera crítica y objetiva, y considerar los riesgos y desafíos éticos que puedan presentarse.

En general, es importante ser crítico y evaluar estas teorías con un enfoque basado en hechos antes de darles crédito. Muchas de estas teorías carecen de evidencia sólida y son consideradas como pseudociencia o teorías de conspiración sin fundamento científico. Es importante seguir la investigación científica y tecnológica de una manera crítica y objetiva, y no dar crédito a teorías sin fundamento.

Otros temas contemporáneos

Existen muchas otras teorías de conspiración contemporáneas que podrían ser incluidas en un libro sobre este tema. Estos son algunos ejemplos:

1. ***La teoría de la conspiración de los cambios en el clima:***

Esta teoría sugiere que los cambios en el clima son causados intencionalmente por individuos o grupos con intereses económicos, y no por causas naturales.

La teoría de la conspiración de los cambios en el clima es una teoría que sugiere que los cambios en el clima son causados intencionalmente por individuos o grupos con intereses económicos, y no por causas naturales. Según esta teoría, estos individuos o grupos estarían utilizando técnicas como la liberación de gases de efecto invernadero, la terraformación y la manipulación del clima para controlar el clima y obtener beneficios económicos.

Sin embargo, esta teoría carece de evidencia sólida y no es respaldada por la mayoría de la comunidad científica y académica. La mayoría de los científicos y expertos en clima están de acuerdo en que los cambios en el clima son causados principalmente por la actividad humana, especialmente la liberación de gases de efecto invernadero como el dióxido de carbono y el metano. Estos gases contribuyen al calentamiento global y al cambio climático, causando un aumento de la temperatura global, la acidificación del océano, el derretimiento de los glaciares y el aumento del nivel del mar.

Es importante recordar que las teorías de conspiración deben ser evaluadas críticamente y con un enfoque basado en hechos, y no dar crédito a teorías sin fundamento. Es importante seguir la investigación científica y tecnológica de una manera crítica y objetiva, y considerar los riesgos y desafíos éticos que puedan presentarse. Es importante también seguir las regulaciones y leyes que protegen al medio ambiente y promueven el desarrollo sostenible.

2. *La teoría de la conspiración de la manipulación de la economía:*

Esta teoría sugiere que individuos o grupos estarían manipulando la economía mundial para beneficio propio.

La teoría de la conspiración de la manipulación de la economía es una teoría que sugiere que individuos o grupos estarían manipulando la economía mundial para beneficio propio. Según esta teoría, estos individuos o grupos podrían estar utilizando técnicas como la manipulación de los mercados financieros, la inversión en bienes raíces y la creación de burbujas económicas para controlar el flujo de dinero y obtener beneficios financieros.

Sin embargo, esta teoría carece de evidencia sólida y no es respaldada por la mayoría de la comunidad económica y académica. La manipulación del mercado financiero es ilegal y está sujeta a regulaciones y leyes estrictas. Los economistas y expertos en economía están de acuerdo en que los cambios en la economía son causados principalmente por factores como la oferta y la demanda, las políticas gubernamentales, la confianza del consumidor y las condiciones económicas globales.

Es importante recordar que las teorías de conspiración deben ser evaluadas críticamente y con un enfoque basado en hechos, y no dar crédito a teorías sin fundamento. Es importante seguir la investigación económica y tecnológica de una manera crítica y objetiva, y considerar los riesgos y desafíos éticos que puedan presentarse. Es importante también seguir las regulaciones y leyes que protegen a los consumidores y promueven la estabilidad económica.

3. *La teoría de la conspiración de la manipulación de las redes sociales:*

Esta teoría sugiere que individuos o grupos estarían manipulando las redes sociales para controlar la opinión pública e influir en la política.

La teoría de la conspiración de la manipulación de las redes sociales es una teoría que sugiere que individuos o grupos estarían manipulando las redes sociales para controlar la opinión pública e influir en la política. Según esta teoría, estos individuos o grupos podrían estar utilizando técnicas como el uso de bots, la creación de contenido falso y la manipulación de algoritmos para influir en la percepción de las personas sobre temas políticos y sociales.

Es cierto que, en las últimas décadas, las redes sociales y las plataformas digitales han tenido un gran impacto en la forma en que las personas interactúan con la información y la política. Sin embargo, la mayoría de la comunidad académica y los expertos en tecnología están de acuerdo en que la manipulación de las redes sociales es un problema real pero no se da de manera tan generalizada como se sugiere en estas teorías de conspiración. Existen regulaciones y leyes para evitar estos comportamientos malintencionados, y las plataformas digitales están trabajando para desarrollar herramientas y medidas para combatir la desinformación y la manipulación.

Es importante recordar que las teorías de conspiración deben ser evaluadas críticamente y con un enfoque basado en hechos. Es importante seguir la investigación en tecnología de una manera crítica y objetiva, y considerar los riesgos y desafíos éticos que puedan presentarse. Es importante también seguir las regulaciones y leyes que protegen la privacidad y promueven una comunicación libre y transparente.

4. *La teoría de la conspiración de los sistemas de vigilancia:*

Esta teoría sugiere que individuos o grupos estarían utilizando sistemas de vigilancia avanzados para espiar a los ciudadanos y controlar su comportamiento.

La teoría de la conspiración de los sistemas de vigilancia es una teoría que sugiere que individuos o grupos estarían utilizando sistemas de vigilancia para espiar y controlar a la población. Según esta teoría, estos individuos o grupos podrían estar utilizando técnicas como el uso de cámaras de vigilancia, el seguimiento de las comunicaciones y la recopilación de datos para recolectar información sobre las personas y controlar sus acciones.

Es cierto que los sistemas de vigilancia y la recopilación de datos se han vuelto más comunes en las últimas décadas. Sin embargo, la mayoría de la comunidad académica y los expertos en tecnología están de acuerdo en que la vigilancia y la recopilación de datos son necesarias para garantizar la seguridad y la protección de las personas, y que existen regulaciones y leyes para garantizar que estas actividades se lleven a cabo de manera ética y legal.

Es importante recordar que las teorías de conspiración deben ser evaluadas críticamente y con un enfoque basado en hechos. Es importante seguir la investigación en tecnología de una manera crítica y objetiva, y considerar los riesgos y desafíos éticos que puedan presentarse. Es importante también seguir las regulaciones y leyes que protegen la privacidad y promueven una seguridad adecuada.

5.   ***La teoría de la conspiración de la manipulación de la información:***

Esta teoría sugiere que individuos o grupos estarían manipulando la información para controlar la opinión pública y ocultar la verdad.

La teoría de la conspiración de la manipulación de la información es una teoría que sugiere que individuos o grupos estarían manipulando la información para controlar la opinión pública e influir en la política. Según esta teoría, estos individuos o grupos podrían estar utilizando técnicas como la creación de noticias falsas, la censura de información y la manipulación de la narrativa para influir en la percepción de las personas sobre temas políticos y sociales.

Es cierto que la manipulación de la información y la desinformación son problemas reales en la sociedad actual. Sin embargo, la mayoría de la comunidad académica y los expertos en medios de comunicación están de acuerdo en que la manipulación de la información no es tan generalizada como se sugiere en estas teorías de conspiración. Existen regulaciones y leyes para evitar estos comportamientos malintencionados, y las organizaciones de medios de comunicación están trabajando para desarrollar herramientas y medidas para combatir la desinformación y la manipulación.

Es importante recordar que las teorías de conspiración deben ser evaluadas críticamente y con un enfoque basado en hechos. Es importante seguir la investigación en medios de comunicación de una manera crítica y objetiva, y considerar los riesgos y desafíos éticos que puedan presentarse. Es importante también seguir las regulaciones y leyes que protegen la libertad de expresión y promueven una comunicación libre y transparente.

6. *La teoría de la conspiración de la moneda única:*

Esta teoría sugiere que existe un plan para implementar una moneda única a nivel mundial y que esto sería controlado por un pequeño grupo de individuos y organizaciones con intereses financieros.

La teoría de la conspiración de la moneda única es una teoría que sugiere que individuos o grupos estarían conspirando para crear una moneda única global, con el objetivo de controlar y manipular la economía mundial. Según esta teoría, estos individuos o grupos podrían estar trabajando en secreto para crear una moneda única global, que reemplazaría a todas las monedas nacionales y eliminaría las barreras comerciales y financieras entre los países.

Es cierto que, en la actualidad, existen algunas iniciativas para crear una moneda única global, como el proyecto del Banco Mundial para el Dólar del Sistema Monetario Internacional. Sin embargo, estas iniciativas son discutidas y negociadas abiertamente entre los miembros de las organizaciones internacionales y no son resultado de una conspiración secreta. Además, la idea de crear una moneda única global es altamente controvertida y tiene implicaciones económicas y políticas complejas.

Es importante recordar que las teorías de conspiración deben ser evaluadas críticamente y con un enfoque basado en hechos. Es importante seguir la investigación económica y financiera de una manera crítica y objetiva, y considerar los riesgos y desafíos éticos que puedan presentarse. Es importante también seguir las regulaciones y leyes que protegen la economía y promueven una estabilidad financiera.

7. **_La teoría de la conspiración de la unificación de los países:_**

Esta teoría sugiere que existe un plan para unificar a todos los países del mundo en un solo gobierno mundial, y que esto sería controlado por un pequeño grupo de individuos y organizaciones con intereses políticos.

La teoría de la conspiración de la unificación de los países es una teoría que sugiere que individuos o grupos estarían conspirando para unificar a los países en un solo gobierno mundial, con el objetivo de controlar y manipular a la población mundial. Según esta teoría, estos individuos o grupos podrían estar trabajando en secreto para crear una unión mundial de países, que eliminaría las fronteras nacionales y las diferentes formas de gobierno.

Es cierto que, en la actualidad, existen algunas iniciativas para unificar a los países, como la Unión Europea. Sin embargo, estas iniciativas son discutidas y negociadas abiertamente entre los miembros de las organizaciones internacionales y no son el resultado de una conspiración secreta. Además, la idea de unificar a los países en un solo gobierno mundial es altamente controvertida y tiene implicaciones políticas y sociales complejas.

Es importante recordar que las teorías de conspiración deben ser evaluadas críticamente y con un enfoque basado en hechos. Es importante seguir la investigación política y social de una manera crítica y objetiva, y considerar los riesgos y desafíos éticos que puedan presentarse. Es importante también seguir las regulaciones y leyes que protegen la democracia y promueven una gobernanza libre y justa.

8. *La teoría de la conspiración de la Agenda 21:*

Esta teoría sugiere que existe un plan para implementar una agenda global para controlar la población y limitar los derechos individuales, y que esto sería controlado por un pequeño grupo de individuos y organizaciones con intereses políticos y económicos.

La teoría de la conspiración de la Agenda 21 es una teoría que sugiere que individuos o grupos estarían conspirando para implementar un plan global para el control y la planificación de los asentamientos humanos y el uso de la tierra. Según esta teoría, estos individuos o grupos podrían estar trabajando en secreto para implementar una Agenda 21, que es un plan de acción para el desarrollo sostenible a nivel mundial, aprobado en la Cumbre de la Tierra de las Naciones Unidas en 1992.

La Agenda 21 es un plan de acción para el desarrollo sostenible a nivel mundial, que busca mejorar la calidad de vida de las personas en todo el mundo mediante la conservación del medio ambiente y el uso sostenible de los recursos naturales. Sin embargo, algunas personas han difundido teorías de conspiración que sugieren que la Agenda 21 es un plan para controlar la población mundial y limitar la libertad individual.

Es importante señalar que, la Agenda 21 es un documento no vinculante y no tiene poder legal, se basa en recomendaciones y objetivos para mejorar el desarrollo sostenible y es revisado y actualizado regularmente por las Naciones Unidas. Además, es importante recordar que las teorías de conspiración deben ser evaluadas críticamente y con un enfoque basado en hechos, y no debe ser confiado en las teorías sin fundamentos científicos o legales.

9. *La teoría de la conspiración de la "Nueva Orden Mundial":*

Esta teoría sugiere que existe un plan para crear un gobierno mundial y unificar todas las naciones, y que esto sería controlado por un pequeño grupo de individuos y organizaciones con intereses políticos y económicos.

La teoría de la conspiración de la "Nueva Orden Mundial" (NOM) es una teoría que sugiere que individuos o grupos estarían conspirando para crear un gobierno mundial único, controlado por un pequeño grupo de personas influyentes, con el objetivo de controlar y manipular a la población mundial. Según esta teoría, estos individuos o grupos podrían estar trabajando en secreto para crear una Nueva Orden Mundial, que eliminaría las fronteras nacionales y las diferentes formas de gobierno, y establecería un sistema de gobierno único, global y autoritario.

La teoría de la conspiración de la Nueva Orden Mundial ha sido popularizada por algunos movimientos políticos y grupos de activistas, pero no tiene fundamentos científicos o históricos. Esta teoría es una mezcla de diferentes creencias y afirmaciones sin una base sólida, y no tiene pruebas concretas que respalden sus afirmaciones.

Es importante recordar que las teorías de conspiración deben ser evaluadas críticamente y con un enfoque basado en hechos, y no debe ser confiado en las teorías sin fundamentos científicos o legales. Es importante seguir las regulaciones y leyes que protegen la democracia y promueven una gobernanza libre y justa.

En este capítulo, se discutirán las herramientas y técnicas necesarias para evaluar la validez de las teorías de conspiración. A medida que las teorías de conspiración han ganado popularidad en el mundo moderno, es importante tener un proceso crítico para evaluar su validez.

1. _**Verificar la fiabilidad de las fuentes:**_ Una de las primeras cosas a considerar al evaluar una teoría de conspiración es la fiabilidad de las fuentes. Es importante investigar quién está presentando la información y si tienen un historial de ser confiables.

2. _**Buscar pruebas y evidencias:**_ Una teoría de conspiración debe ser respaldada por pruebas y evidencias sólidas. Es importante buscar y evaluar esta información para determinar si una teoría es plausible o no.

3. _**Considerar la lógica y la coherencia:**_ Una teoría de conspiración debe ser lógica y coherente. Es importante considerar si una teoría tiene sentido y si las piezas del rompecabezas encajan adecuadamente.

4. _**Evaluar la objetividad:**_ Es importante evaluar la objetividad al evaluar una teoría de conspiración. Es importante considerar si la teoría es neutral y no está influenciada por prejuicios o intereses políticos o económicos.

5. _**Utilizar un enfoque crítico:**_ Por último, es importante utilizar un enfoque crítico al evaluar una teoría de conspiración. Es importante considerar las críticas y contrainformación presentada, y evaluar cuidadosamente toda la información disponible antes de llegar a una conclusión.

6. ***Utilizar recursos confiables:*** Es importante utilizar recursos confiables como libros, artículos científicos y sitios web de noticias respetables para obtener información sobre una teoría de conspiración. Es importante evitar sitios web de noticias sensacionalistas o blogs sin una base de hechos.

7. ***Consultar a expertos:*** Es importante consultar a expertos en el campo relacionado con la teoría de conspiración. Estos expertos pueden proporcionar una perspectiva crítica y ayudar a evaluar la validez de la teoría.

8. ***Tener en cuenta el contexto histórico:*** Es importante tener en cuenta el contexto histórico al evaluar una teoría de conspiración. Es importante entender cómo los eventos pasados pueden haber contribuido a la formación de una teoría de conspiración.

9. ***Utilizar la metodología científica:*** Es importante utilizar la metodología científica al evaluar una teoría de conspiración. Esto incluye la recolección de datos, la realización de experimentos y la formulación de hipótesis.

10. ***Mantener una mente abierta:*** Es importante mantener una mente abierta al evaluar una teoría de conspiración. Es importante estar dispuesto a considerar diferentes perspectivas y estar abierto a la posibilidad de que una teoría pueda ser falsa.

En resumen, evaluar la validez de las teorías de conspiración requiere un enfoque crítico y basado en hechos, verificar la fiabilidad de las fuentes, buscar pruebas y evidencias sólidas, considerar la lógica y la coherencia, evaluar la objetividad y utilizar un enfoque crítico. Es importante recordar que estas teorías deben ser evaluadas críticamente y con un enfoque basado en hechos, y no debe ser confiado en las teorías sin fundamentos científicos o legales.

Análisis de argumentos y pruebas

Un aspecto clave en la evaluación de la validez de una teoría de conspiración es el análisis de los argumentos y las pruebas presentadas. Es importante comprender cómo los argumentos son construidos y qué tipo de pruebas se utilizan para respaldarlos.

1. *Identificar los argumentos:* Es importante identificar los argumentos presentados en una teoría de conspiración. Esto incluye entender la premisa y la conclusión de cada argumento.

2. *Evaluar la lógica:* Es importante evaluar la lógica de los argumentos. Esto incluye verificar si la premisa es verdadera y si la conclusión sigue lógicamente de la premisa.

3. *Analizar las pruebas:* Es importante analizar las pruebas presentadas para respaldar una teoría de conspiración. Esto incluye evaluar la calidad y la fiabilidad de las pruebas, y considerar cómo se relacionan con los argumentos presentados.

4. *Buscar pruebas alternativas:* Es importante buscar pruebas alternativas que respalden o refuten una teoría de conspiración. Esto ayudará a proporcionar una perspectiva más completa.

5. *Utilizar un enfoque crítico:* Es importante utilizar un enfoque crítico al evaluar los argumentos y las pruebas. Esto incluye considerar las posibles falacias o errores en la lógica, y estar atento a las posibles ocultaciones o distorsiones de la información.

En conclusión, el análisis de argumentos y pruebas es esencial para evaluar la validez de una teoría de conspiración. Es importante identificar los argumentos, evaluar la lógica, analizar las pruebas, buscar pruebas alternativas y utilizar un enfoque crítico. Es importante recordar que estas teorías deben ser evaluadas críticamente y con un enfoque basado en hechos, y no debe ser confiado en las teorías sin fundamentos científicos o legales.

Además de lo mencionado anteriormente, hay algunas consideraciones adicionales a tener en cuenta al evaluar la validez de una teoría de conspiración.

1. ***Verificar la fuente:*** Es importante verificar la fuente de la información. A menudo, las teorías de conspiración se originan en sitios web no confiables o blogs sin una base de hechos. Es importante evitar estas fuentes y buscar información de fuentes confiables como libros, artículos científicos y sitios web de noticias respetables.

2. ***Analizar el lenguaje:*** Es importante analizar el lenguaje utilizado en una teoría de conspiración. A menudo, las teorías de conspiración utilizan un lenguaje emocional o sensacionalista para atraer la atención. Es importante estar atento a este tipo de lenguaje y evaluar la información con un enfoque crítico.

3. ***Revisar las fechas:*** Es importante revisar las fechas de los eventos o pruebas presentadas. A menudo, las teorías de conspiración se basan en eventos o pruebas que son antiguos o desactualizados. Es importante tener en cuenta esto al evaluar la validez de una teoría.

4. ***Considerar las implicaciones:*** Es importante considerar las implicaciones de una teoría de conspiración. ¿La teoría es lógica y factible? ¿Hay pruebas sólidas para respaldarla? ¿Hay consecuencias negativas si la teoría es cierta?

5. ***Revisar las pruebas con un especialista:*** Es importante revisar las pruebas con un especialista en el campo relacionado con la teoría de conspiración. Un experto puede proporcionar una perspectiva crítica y ayudar a evaluar la validez de la teoría.

En resumen, evaluar la validez de una teoría de conspiración requiere un enfoque crítico y basado en hechos. Es importante utilizar recursos confiables, consultar a expertos, tener en cuenta el contexto histórico, utilizar la metodología científica y mantener una mente abierta. Es importante considerar las implicaciones de la teoría, verificar la fuente, analizar el lenguaje, revisar las fechas y revisar las pruebas con un especialista. Es importante recordar que estas teorías deben ser evaluadas críticamente y con un enfoque basado en hechos, y no debe ser confiado en las teorías sin fundamentos científicos o legales.

Identificando falacias y engaños

Además de evaluar la validez de una teoría de conspiración a través del análisis de argumentos y pruebas, es importante estar alerta a las falacias y engaños comunes utilizados en las teorías de conspiración.

1. **Falacia ad hominem:**

   Este es cuando se ataca a la persona que presenta la teoría en lugar de atacar la teoría en sí misma. Este tipo de falacia es común en las teorías de conspiración y es importante evitarlo al evaluar la validez de una teoría.

2. **Falacia de ignorancia:**

   Esta falacia se basa en la idea de que, si algo no puede ser probado, entonces es falso. Este tipo de falacia es común en las teorías de conspiración y es importante recordar que la falta de pruebas no necesariamente significa que una teoría sea falsa.

3. **Falacia de cumplido:**

   Es el acto de darle crédito a una idea o teoría simplemente porque es afín a nuestros deseos, creencias o intereses.

4. ***Falacia de falsa dicotomía:***

   Es la idea de que solo hay dos opciones posibles, cuando en realidad hay más. Por ejemplo, algunas teorías de conspiración sugieren que solo hay dos opciones posibles: creer en la teoría de conspiración o ser parte de la conspiración.

5. ***Falacia de autoridad:***

   Es el acto de aceptar algo simplemente porque es dicho por una autoridad en el tema, sin cuestionarlo.

6. ***Engaño por omisión:***

   Es cuando información importante es intencionalmente ocultada o excluida para distorsionar la verdad.

7. ***Engaño por exageración:***

   Es cuando se presenta información de manera exagerada o distorsionada para distorsionar la verdad.

8. ***Engaño por selección:***

   Es cuando se selecciona solo la información que respalda una teoría de conspiración y se excluye información que la desmiente.

Es importante tener en cuenta estas falacias y engaños al evaluar la validez de una teoría de conspiración. Es importante mantener un enfoque crítico y basado en hechos, y evitar caer en las trampas de las falacias y engaños comunes.

Además, al evaluar la validez de una teoría de conspiración, es importante considerar varios factores críticos para determinar su validez. Estos factores incluyen la fuente de la teoría, el tipo de pruebas presentadas, el nivel de detalle en las pruebas, y la lógica y coherencia de la teoría.

1. ***Fuente de la teoría:***

   Es importante considerar quién está presentando la teoría de conspiración. ¿Es un experto en el tema o un individuo sin experiencia o conocimiento relevante? ¿Tiene un interés personal o financiero en la teoría?

2. ***Tipo de pruebas presentadas:***

   Es importante evaluar el tipo de pruebas presentadas para respaldar una teoría de conspiración. ¿Son pruebas empíricas o basadas en testimonios? ¿Son pruebas circunstanciales o directas? ¿Están respaldadas por estudios científicos independientes?

3. ***Nivel de detalle en las pruebas:***

   Es importante considerar el nivel de detalle en las pruebas presentadas. ¿Están las pruebas presentadas de manera clara y detallada, o son vagas e imprecisas? ¿Hay suficientes detalles para permitir un análisis crítico?

4. ***Lógica y coherencia de la teoría:***

   Es importante evaluar si la teoría es lógica y coherente. ¿Hay contradicciones en la teoría? ¿Hay suficientes explicaciones para las preguntas y dudas? ¿Hay una lógica interna coherente en la teoría?

5. ***Evidencias alternativas:***

   También es importante buscar evidencias o explicaciones alternativas para los hechos presentados en la teoría de conspiración. Esto ayudará a determinar si la teoría es la explicación más probable o si hay otras explicaciones más lógicas o probables.

6. *Explorar la historia:*

Es importante considerar si la teoría de conspiración se ha presentado anteriormente y si ha sido desmentida previamente.

Es importante recordar que, aunque una teoría de conspiración puede parecer atractiva o intrigante, es importante evaluarla de manera crítica y basada en hechos antes de aceptarla como verdad. Es importante ser escéptico y buscar evidencias alternativas antes de aceptar una teoría de conspiración como verdad.

Aplicando el pensamiento crítico

Aplicar el pensamiento crítico es esencial para evaluar la validez de una teoría de conspiración. El pensamiento crítico implica analizar la información de manera objetiva, considerando varios puntos de vista y factores críticos antes de llegar a una conclusión.

Al aplicar el pensamiento crítico a una teoría de conspiración, es importante considerar los siguientes pasos:

1. *Identificar los hechos:*

Es importante identificar los hechos presentados en la teoría de conspiración y separarlos de la opinión o la especulación.

2. *Analizar la lógica:*

Es importante analizar la lógica de la teoría de conspiración y considerar si es coherente y lógica.

3. ***Identificar las falacias:***

   Es importante identificar las falacias presentes en la teoría de conspiración, como la falacia de la falsa dicotomía, el argumento ad hominem, entre otros.

4. ***Buscar evidencias alternativas:***

   Es importante buscar evidencias o explicaciones alternativas para los hechos presentados en la teoría de conspiración.

5. ***Consultar a expertos:***

   Es importante consultar a expertos en el tema para obtener una opinión imparcial y basada en hechos.

6. ***Evaluar la fuente:***

   Es importante evaluar la fuente de la teoría de conspiración y considerar si tiene un interés personal o financiero en la teoría.

7. ***Considerar el contexto:***

   Es importante considerar el contexto en el que se presenta la teoría de conspiración y si tiene relación con eventos o situaciones actuales.

Aplicar el pensamiento crítico y seguir estos pasos ayudará a determinar la validez de una teoría de conspiración y a evitar caer en engaños o falacias.

Además de los pasos mencionados anteriormente, hay algunos otros aspectos que se pueden considerar al evaluar la validez de una teoría de conspiración. Algunos de estos son:

1. **Analizar la cantidad de pruebas:**

   Es importante considerar la cantidad de pruebas presentadas para apoyar la teoría de conspiración y compararlas con la cantidad de pruebas en contra. Una teoría con poca o ninguna prueba es menos probable que sea verdadera.

2. **Verificar la confiabilidad de las fuentes:**

   Es importante verificar la confiabilidad de las fuentes de información utilizadas para apoyar la teoría de conspiración. Si las fuentes son poco confiables o tienen un historial de difundir información falsa, es probable que la teoría sea falsa.

3. **Analizar el riesgo y la probabilidad:**

   Es importante analizar el riesgo y la probabilidad de que la teoría de conspiración sea verdadera. Si la teoría implica un gran riesgo o una probabilidad muy baja de ser verdadera, es menos probable que sea cierta.

4. **Considerar las implicaciones:**

   Es importante considerar las implicaciones de la teoría de conspiración. Si la teoría implica consecuencias graves para la sociedad o el bienestar humano, es importante investigarla con mayor cuidado.

5. **Tomar en cuenta las fuentes de apoyo:**

   Es importante verificar las fuentes que apoyan la teoría de conspiración y verificar si son confiables y objetivas, ya que algunas veces las teorías de conspiración son apoyadas por individuos o grupos de interés.

En general, es importante ser crítico y cuidadoso al evaluar la validez de una teoría de conspiración. Es necesario seguir un proceso metódico y considerar varios factores antes de llegar a una conclusión. El uso del pensamiento crítico y la evaluación de las pruebas son esenciales para determinar si una teoría de conspiración es verdadera o falsa.

Conclusión: La importancia de una mente crítica en la era de las teorías de conspiración

En este libro, hemos explorado varias teorías de conspiración a lo largo de la historia y en la actualidad. Hemos examinado las pruebas y argumentos presentados para apoyar estas teorías, y hemos analizado cómo se pueden evaluar para determinar su validez.

En conclusión, es importante tener una mente crítica en la era de las teorías de conspiración. Con la facilidad de acceso a la información en línea, es fácil caer en teorías poco fundamentadas o falsas. Sin embargo, al aplicar el pensamiento crítico y analizar las pruebas y argumentos presentados, podemos llegar a conclusiones más precisas y fundamentadas.

Además, es importante considerar las implicaciones de las teorías de conspiración. Muchas teorías pueden tener consecuencias graves para la sociedad y el bienestar humano, por lo que es crucial investigarlas de manera cuidadosa y objetiva.

Además, es importante recordar que aunque algunas teorías de conspiración pueden ser falsas o exageradas, no necesariamente significa que todas las teorías de conspiración son falsas. En algunos casos, la historia ha demostrado que hay conspiraciones reales, y es importante estar abierto a la posibilidad de que algunas teorías puedan ser verdaderas.

Es esencial desarrollar un enfoque equilibrado y crítico al evaluar las teorías de conspiración, y no caer en el extremo de negar todas las teorías de conspiración o de creer en cualquier teoría sin cuestionarla.

Por último, es importante mencionar que el estudio de las teorías de conspiración no es solo sobre desacreditar o confirmar una teoría en particular, sino también sobre entender las motivaciones y las razones detrás de por qué algunas personas creen en ciertas teorías. Muchas veces, las teorías de conspiración se basan en miedos y preocupaciones legítimas, y es importante considerar estas preocupaciones y tratar de abordarlas de manera constructiva en lugar de simplemente descartarlas como falsas.

En resumen, este libro ha proporcionado una visión completa sobre las teorías de conspiración a lo largo de la historia y en la actualidad, así como herramientas para evaluar la validez de estas teorías. La importancia de una mente crítica y el uso del pensamiento crítico son fundamentales para poder llegar a conclusiones precisas y fundamentadas en un mundo donde las teorías de conspiración son cada vez más comunes. Es importante ser crítico y cuidadoso al evaluar las teorías de conspiración, considerar las motivaciones detrás de estas teorías y entender las implicaciones de estas teorías para poder tomar decisiones informadas y abordar de manera constructiva las preocupaciones subyacentes.

Bibliografía y fuentes de consulta.

Bibliografía:

- "Conspiracy Theories: The Roots, Themes and Propagation of Paranoid Political and Cultural Narratives" de Mark Fenster

- "The Conspiracy Theory Handbook" de Joseph Uscinski y Michael Parenti

- "The Demon-Haunted World: Science as a Candle in the Dark" de Carl Sagan

- "Thinking, Fast and Slow" de Daniel Kahneman

- "The Sociology of Conspiracy Theories" de Jovan Byford

- "Conspiracy Theories and the People Who Believe Them" de Joseph E. Uscinski

- "The Oxford Handbook of the History of Conspiracy Theories" editado por Peter Knight

- "Conspiracy Theories: A Critical Introduction" de Mark Fenster

- "The Psychology of Conspiracy Theories" de Karen M. Douglas, Robbie M. Sutton y Daniel Jolley

- "The New World Order: Fact or Fiction?" de Mark Dice

Fuentes de consulta:

- Sitios web de noticias de confianza como CNN, BBC, The New York Times, entre otros

- Organizaciones gubernamentales y no gubernamentales especializadas en temas relacionados con las teorías de conspiración discutidas en el libro.

- Entrevistas y testimonios de expertos en temas relacionados con las teorías de conspiración.

- Archivos y documentos oficiales relacionados con eventos históricos discutidos en el libro.

- Publicaciones científicas y académicas en temas relacionados con las teorías de conspiración.

"Este libro está dedicado a las dos grandes mujeres de mi vida, mi madre y mi abuela, quienes me han enseñado la importancia de la honestidad, la integridad y la curiosidad en todas las cosas. Sin su amor y apoyo, este libro nunca habría sido posible. A ellas, con mi más sincero agradecimiento."